Stanislawa Paulus

Identität ausser Kontrolle

Geschlecht – Kultur – Gesellschaft

herausgegeben von

Johanna Meyer-Lenz
und dem
Hamburger Arbeitskreis
zur Geschlechterforschung:

Claudia Bruns, Ulf Heidel, Martina Kamp,
Johanna Meyer-Lenz, Maren Möhring, Massimo Perinelli
Kontaktadresse: g.k.g.@gmx.net

Band 5

LIT

Stanislawa Paulus

Identität ausser Kontrolle

Handlungsfähigkeit und Identitätspolitik jenseits des autonomen Subjekts

LIT

Umschlagbild: 'Selbstinszenierung', © Adelheid Graudenz

Die Deutsche Bibliothek – CIP-Einheitsaufnahme

Paulus, Stanislawa:
Identität ausser Kontrolle : Handlungsfähigkeit und Identitätspolitik jenseits des autonomen Subjekts / Stanislawa Paulus. – Hamburg : LIT, 2001
(Geschlecht - Kultur - Gesellschaft ; 5.)
ISBN 3-8258-4971-6

Grindelberg 15a 20144 Hamburg Tel. 040–44 64 46 Fax 040–44 14 22
e-Mail: lit@lit-verlag.de http://www.lit-verlag.de

Danksagung

Ohne vielfältige freundschaftliche und finanzielle Unterstützungen wäre die Veröffentlichung dieses Buches nicht möglich gewesen. Für die Betreuung dieser Arbeit danke ich Marianne Pieper und Katharina Liebsch. Mein Dank für weitere anregende Fragen und kritische Kommentare, Geduld beim Korrekturlesen und die Beharrlichkeit, mich auch mal vom Schreibtisch weg zu locken gilt Christiane Tursi, Erika Blanke, Helga Magdalena Thienel, Hilke Hansen, Iris Schäfer, Rose Killinger, Hans-Joachim Lenz, Jens Boje sowie Gerda Paulus und Klaus Paulus. Zudem danke ich der Koordinationsstelle Frauenstudien/Frauenforschung in Hamburg für die Bereitstellung zentraler Literatur.

Einleitung

The shift entails (...) a displacement and a self-displacement: leaving or giving up a place that is safe, that is "home" – physically, emotionally, linguistically, epistemologically – for another place that is unknown and risky, that is not only emotionally but conceptually other; a place of discourse from which speaking and thinking are at best tentative, uncertain, unguaranteed. But the leaving is not a choice: on could not live there in the first place. (de Lauretis 1990: 138)

Anfang der 90er Jahre arbeitete ich in einem Frauenprojekt, an dessen Aufbau ich zusammen mit einer ganzen Reihe von Frauen beteiligt gewesen war. In geduldiger Aufbauarbeit hatten ‚wir' es geschafft, heruntergekommene Hinterhof-Lagerräume in komfortable Frauen-Frei-Räume zu verwandeln. Vom Fußboden bis zum Dach war alles durch Fach-Frauenhände umgebaut, renoviert und ausgestattet worden. ‚Wir' hatten Räume geschaffen, in denen Frauen voneinander lernen, sich aufeinander beziehen und sich gegenseitig bestärken konnten.

Ebenfalls Anfang der 90er Jahre erschien die Übersetzung von Judith Butlers „Gender Trouble. Feminism and the Subversion of Identity"[1], in dem sie nicht nur ihr Unbehagen über kategoriale Festschreibungen von Geschlecht und Geschlechtsidentität erklärte. Mit einer Politik, die ‚die Interessen' von Frauen zu ihrem Fundament mache, so ihre These, werde – ganz entgegen feministischer Intentionen – das hierarchisch strukturierte System der Zweigeschlechtlichkeit aufrechterhalten. Zudem würde feministische Politik im Rekurs auf die Identitätskategorie ‚Frau' unweigerlich mit Grenzziehungen einhergehen, die zu politischen Ausschlüssen führten.

Durch Butlers Dekonstruktion des Geschlechts, mit der sie jede biologische Begründung der Kategorie Frau zurückweist, sehen Kritikerinnen das Ende der Frauenbewegung heraufziehen, da ihrer Ansicht nach eine feministische Theoriebildung und Praxis ohne den Rückgriff auf die Kategorie ‚Frau' nicht mög-

[1] Diese Übersetzung erschien 1991 unter dem Titel „ Das Unbehagen der Geschlechter". Der englische Untertitel wurde nicht mit in die Übersetzung übernommen.

lich sei. Andere wiederum machen in der Hinterfragung des Universalsubjekts ‚Frau‘ eine Chance aus, eine längst notwendige Revision vereinheitlichender und ausschließender feministischer Repräsentationspolitik vorzunehmen (vgl. Hornscheidt/Jähnert/Schlichter 1998: 11).
Diese beiden Positionen stehen paradigmatisch für die Pole einer kontroversen Debatte um Butlers Ansatz. Gleichzeitig geben sie ein Dilemma wieder, in dem feministische Politik seit Ende der 80er Jahre stand und immer noch steht. Feministische Identitätspolitik ist zwar notwendig, um politische Interessen zu formulieren, aber unweigerlich ausgrenzend denjenigen gegenüber, die im ‚selbstverständlichen‘ Einsatz der Kategorie ‚Frau‘ nicht mitgedacht werden. Dieser inhärente Konflikt feministischer Politik wurde deutlich, als in den USA u.a. ‚Schwarze‘[2] Frauen, lesbische Frauen, Third World Feminists gegen eine vereinheitlichende Verwendung der Kategorie ‚Frau‘ durch ‚Weiße‘ Frauen der Mittelschicht protestierten, die ihre Existenz und ihre Interessen ausblendete. Aber auch in der Bundesrepublik wurden ab Ende der 80er Jahre zunehmend Stimmen ‚Schwarzer‘ Deutscher Frauen, sowie von Migrantinnen, Lesben, Jüdinnen und im Exil lebenden Frauen laut, die sich gegen die Ausgrenzung aus ‚Weißer‘ deutscher feministischer Politik wendeten[3]. Konkret bedeutet dies, daß ‚wir‘ uns in ‚unserer‘ feministischen Politik und Theoriebildung damit auseinandersetzen müssen, für wen ‚wir‘ ‚Frei-Räume‘ schaffen, und welche ‚wir‘ ausgrenzen, weil sie in ‚unseren‘ Vorstellungen nicht vorkommen.
Der fundamentale Zwiespalt feministischer Politik bildet einen Hintergrund für Butlers Dekonstruktion des Bewegungssubjektes ‚Frau‘, der Geschlechtsidentität als Grundlage einigender Politik und den ‚Wir‘-Kategorien emanzipatorischer Bewegungen. Grundlegend ist dabei ihre poststrukturalistische Perspektive, in der sie sich auf Michel Foucault und Jacques Derrida bezieht. Gemeinsam ist allen dreien, daß sie das Konzept des autonomen transzendentalen Subjekts ablehnen und das Subjekt als eine immanente Position innerhalb des Diskursiven konzipieren.
Die aufklärerische Auffassung vom autonomen menschlichen Sein wird paradigmatisch in René Déscartes (1596-1650) Diktum „Ich denke, also bin ich“

[2] Ich verwende die Adjektive ‚Weiß‘ und ‚Schwarz‘ mit großem Anfangsbuchstaben, da ich sie als politische Begriffe verstehe. Sie sind nicht auf eine biologisch begründbare Weise an eine Person gebunden, sondern spiegeln die Stellung derjenigen, die sie beschreiben im gegenwärtigen sozio-kulturellen Herrschaftssystem wider.
[3] So erheben beispielsweise in der von Katharina Oguntoye, May Opitz und Dagmar Schulz 1986 herausgegebenen Aufsatzsammlung „Farbe bekennen“ Schwarze deutsche Frauen ihre Stimme und schreiben aus ihrer Perspektive über ihre Kindheit und Jugend in diesem Land.

zusammengefaßt. Seinem Konzept vom Subjekt entsprechend, verleiht das Denken, frei von jeder Bindung an das Körperliche und erhaben über Naturgesetze, dem Subjekt die Fähigkeit, ihm äußere Objekte zweifelsfrei zu erkennen. Diese transzendentale Charakteristik des Denkens erlaubt dem Subjekt, sich selbst in der Welt als rationales, vernünftiges, autonomes Wesen zu positionieren. „Subjekt ist," – entsprechend dieser Vorstellung – „wer die Immanenz, das Eingebundensein in die Natur verläßt und sich Transzendenz aneignet" (Rosenberger 1996: 44).

Dieses Konzept des modernen transzendentalen Subjekts hat im Laufe der Geschichte verschiedene kritische konzeptionelle Einschränkungen erfahren. So erscheint z.B. in Karl Marx' (1818-1883) Perspektive das menschliche Bewußtsein als ein Resultat der materiellen Produktionsverhältnisse. Die Autonomie ist demnach lediglich ein bürgerliches Ideal. Sigmund Freud (1856-1939) sieht die Selbsttransparenz des Subjekts durch das Unbewußte, dessen Logik fundamental vom Bewußtsein unterschieden ist, eingeschränkt (vgl. Maurer 1996: 108).

Eine für den Poststrukturalismus essentiell bedeutsame Verschiebung im Verständnis des Subjektes geht auf die strukturale Linguistik Ferdinand de Saussures (1857-1913) zurück. Die Entwicklung von de Saussures Perspektive bildete eine sprachphilosophische Wende, die in den Sprachwissenschaften und der Philosophie am Ende des 19. Jahrhunderts ihren Ausgang nahm und in der das Subjekt in seinem Verhältnis zur Sprache konzeptualisiert wird. Aus der Sicht de Saussures bildet die Sprache kein Instrument, mit dem Bedeutungen, die durch das Subjekt erkannt werden, wiedergegeben werden. Vielmehr generiert sich Bedeutung erst aus verschiedenen innersprachlichen Dynamiken heraus. Diese Bedeutungen verfestigen sich durch gesellschaftliche Konventionen zu fixierten Begriffen, die das Subjekt erkennen und anerkennen muß, will es sich verständlich machen. Um ‚sein' zu können, muß sich das Subjekt in die strukturellen Regeln der Sprache einfügen. Dies läßt das autonome Subjekt in einer prekären Position erscheinen, denn „es ist nicht mehr Ort der souveränen Rede, sondern kann sich nur innerhalb des sprachlichen Systems artikulieren" (Raab 1998: 12).

Der Poststrukturalismus – der in sich eine heterogene Theorierichtung bildet – greift die Idee der dem Subjekt vorgängigen Strukturen auf, wobei der Strukturbegriff radikalisiert wird. In Abgrenzung zum Strukturalismus geht der Poststrukturalismus von Strukturen als unabgeschlossenen Systemen aus, die sich in einem unkontrollierbaren permanenten Transformationsprozeß befinden. Ahistorische, transkulturelle, invariante Gesetzmäßigkeiten werden zurückge-

wiesen. Statt dessen werden Wandel, Diskontinuität und Pluralisierung betont (vgl. Raab 1998: 14). Die Struktur wird als offenes System verstanden, welches kein Zentrum mehr kennt, auf das es zurückzuführen oder durch welches es zu begründen wäre. Die strukturalistische Positionierung des Subjekts zur Sprache wird im Poststrukturalismus ebenfalls radikalisiert. Das Subjekt wird nun nicht mehr nur als abhängige Position zur Sprache verstanden, sondern wird gänzlich als dezentriertes sprachlich hervorgebrachtes Konstrukt entworfen. In dieser Verfaßtheit kann das Subjekt die immanente Eingebundenheit in seine formierenden Strukturen nicht verlassen. Konzepte von Objektivität und Erkenntnisfähigkeit, von Wissen und Wahrheit verlieren in dieser streng immanenten Sichtweise ihre Gültigkeit. Zugleich werden tradierte Begrifflichkeiten und Selbstverständlichkeiten von Individualität und Identität unterlaufen.
In der Foucaultschen Analyse und der Derridaschen Dekonstruktion wird die strukturelle Unabgeschlossenheit zur Grundcharakteristik jeglicher Kategorien. An die Stelle von Einheitlichkeit und Kohärenz tritt ständige (sprachliche) Verschiebung und (diskursiver) Wandel. Identität als ein Versprechen von Geschlossenheit und Authentizität kann niemals erreicht werden, sie befindet sich jenseits der Kontrolle und Eingrenzbarkeit durch kategoriale Festschreibungen.
Die Dezentrierung des Subjekts, wie sie mit den poststrukturalistischen Ansätzen von Foucault und Derrida einher geht, wirft eine Reihe von Fragen auf. Bedeutet die diskursive Formierung des Subjekts, daß dieses durch gesellschaftliche Zwänge determiniert ist? Wenn das Subjekt nicht mehr als Ausgangspunkt seiner Selbst betrachtet wird, wie kann dann noch (politische) Handlungsfähigkeit gedacht werden? Welche Konsequenzen hat diese Dezentrierung des Subjekts für die Fragen von Macht und Machtverteilung? Von wem geht Macht aus, auf wen ist sie gerichtet? Welche Implikationen hat die Ablehnung von Kohärenz für emanzipatorische Identitätspolitiken, wie die des Feminismus?
Dieser Fragenkatalog, der zentrale Inhalte der vorliegenden Arbeit anspricht, bildet den Hintergrund für die Darstellungen von Foucaults Verständnis des Subjekts als Knotenpunkt von Wissen und Macht (Kapitel 1), wie auch von Derridas Dekonstruktion des Subjekts und der Identität (Kapitel 2). Die ausführliche Darstellung dieser Ansätze findet statt, um Butlers theoretische Ausgangspostionen, ihre Begrifflichkeiten und Gedankengänge nachvollziehbar werden zu lassen.
In diesen Fragestellungen spiegeln sich zugleich permanent wiederkehrende Motive feministischer Kritik an den Theorien Foucaults und Derridas wider. Im ersten Abschnitt des dritten Kapitels findet sich eine Zusammenfassung dieser

Kritik. Die diskursimmanente Positionierung des Subjekts, bei gleichzeitiger Dekonstruktion der Identität, gefährdet, so die Befürchtungen, die politische Artikulationsfähigkeit von Frauen und führt zu einer Dispersion der feministischen Bewegung, in der diese nicht mehr als politische Einheit definierbar ist. Daß sich eine solche Einheit nur behaupten läßt, wenn Differenzen unter Frauen ausgeblendet werden, ist Gegenstand des zweiten Abschnitts des dritten Kapitels. Dieses Kapitel skizziert die eingangs beschriebene Problematik feministischer Politik, die sich im Spannungsverhältnis zwischen der Notwendigkeit von Identitätspolitik und deren Ausgrenzungen ergibt.

Butler greift die Problematik der feministischen Repräsentationspolitik aus poststrukturalistisch dekonstruktivistischer Perspektive auf. Sie schlägt ein subversives Identitätspolitikmodell vor, mit dem kategoriale Festschreibungen, die zu verfestigten Ausgrenzungen führen, unterlaufen werden sollen.

Aus der Zusammenführung und Modifikation ihrer theoretischen Bezüge zu Foucault und Derrida leitet Butler ihren Subjektbegriff und die daraus resultierende Handlungsfähigkeit im Sinne einer subversiven Bedeutungsverschiebung her. Das Identitätspolitikmodell von Butler fordert, das Bewußtsein über Ausgrenzungen und Differenzen konzeptionell mit einzubeziehen, sowie die Anerkennung, daß (identifikatorische) Bezeichnungsprozesse immer vorläufig und unkontrollierbar bleiben.

Als Ergebnis der theorieimmanenten Auseinandersetzungen mit Butlers theoretischen Bezügen sowie der Herleitung ihrer Position in Kapitel 4, findet im abschließenden Teil dieser Arbeit eine kritische Reflexion ihrer Begründung der Handlungsfähigkeit statt. Inwieweit findet in Butlers sprachlogischem Rahmen die Bedeutung sozialer Verhältnisse für Handlungsfähigkeit Berücksichtigung? Ist Butlers Konzeptualisierung von Differenz ausreichend, um die Unterschiede zwischen sprachlich konstituierten Subjekten im Hinblick auf ihre Handlungsmöglichkeiten zu erfassen? Wie subversiv ist eine Strategie der permanenten Bedeutungsverschiebung, -erweiterung und -übertretung, die in Butlers Politik des ‚Ver*queer*ens' identifikatorischen Denkens mündet, wenn diese kein Augenmerk darauf richtet, wer sich mit welchen Chancen daran beteiligen kann? Diese abschließende Auseinandersetzung findet mit der Absicht statt, die Vorteile von Butlers Politikmodell zu betonen. Gleichzeitig werden jedoch auch Grenzen und Versäumnisse ihres Konzepts aufgezeigt, um eine Weiterentwicklung der Theorie politischer Handlungsfähigkeit jenseits des autonomen Subjekts anzuregen.

*

Die Begriffe des ‚Poststrukturalismus', der ‚Dekonstruktion' und der ‚Postmoderne' werden in der gegenwärtigen Debatte vielfach synonym verwendet. Im Verlauf dieser Arbeit klassifiziere ich diejenigen Theorien, die die diskursive Hervorbringung des Subjekts zum Gegenstand haben, als ‚poststrukturalistische Theorien'. Dies geschieht, um den Aspekt der Dezentrierung des Subjektes hervorzuheben und die damit verbundene Konzentration auf diskursive Formierungsprozesse zu unterstreichen. Den Begriff der ‚Dekonstruktion' verwende ich ausschließlich in Bezug auf die von Derrida herausgearbeitete Dynamik des Sprachlichen sowie in Bezug auf Butlers Übernahme und Modifikation dieser theoretischen Grundlagen. Vom Begriff der ‚Postmoderne' nehme ich weitestgehend Abstand, da er mir für meine theoretischen Darstellungen in seiner Bedeutung zu weit gefächert erscheint, um eine Aussagekraft zu haben.

1. Michel Foucault: Das dezentrierte Subjekt als Knotenpunkt von Macht und Wissen

> *Die herrschende Rationalität ist von Bedingungen beherrscht, von deren Frag-Würdigkeit sie selber nichts weiß. (Fink-Eitel 1994: 204)*
>
> *Some people may call ,true' those knowledges which have been successful until now: that is all. (Cain 1993: 92)*

Der französische Philosoph und Sozialhistoriker Michel Foucault gehört zu den derzeit in Deutschland und den USA am häufigsten rezipierten Vertretern des Poststrukturalismus. Er selbst hat – ganz in poststrukturalistischer Manier – derartige Zuordnungen abgelehnt. Dies ist nicht nur auf die theorieimmanente Zurückweisung von Kohärenz, Allgemeingültigkeit und Abgeschlossenheit zurückzuführen, sondern vor allem darauf, daß Foucault von der integralen Verflechtung von (Human-) Wissenschaft und Gesellschaft ausgeht. Die Suche nach Objektivität und Wahrheit als Kriterium für Wissenschaftlichkeit ist für ihn folglich kein akzeptabler, historisch und sozial invarianter Maßstab. Vielmehr ist das Bestreben nach Wahrheitsfindung – „der Wille zur Wahrheit" (Foucault 1998: 16) – selbst in seine historischen Analysen einbezogen. Seine Haltung gegenüber wissenschaftlicher Wahrheitsfindung findet in folgender Passage eines Interviews einen pointierten Ausdruck:

> (...) ich bin mir dessen voll bewußt, daß ich niemals etwas anderes geschrieben habe als fictions. Ich will nicht sagen, daß das außerhalb von Wahrheit liegt. Es scheint mir die Möglichkeit zu geben, die Fiktion in der Wahrheit zum Arbeiten zu bringen, mit einem Fiktions-Diskurs Wahrheitswirkungen hervorzurufen und so zu erreichen, daß der Wahrheitsdiskurs etwas hervorruft, ‚fabriziert', was noch nicht existiert, also ‚fingiert'. (Foucault 1978: 117)

Dabei stehen seine theoretischen Ausgangspunkte – obgleich von ihm nicht explizit benannt – vor dem Hintergrund der poststrukturalistischen Kritik am metaphysischen Denken[1] und des Logozentrismus[2] als Grundlagen westlicher Philosophie. Diese epistemologischen Annahmen kommen in seiner Beschäftigung mit den Komplexen Subjekt, Wissen/Wahrheit und Macht, die sich durch sein gesamtes Werk ziehen, zum Tragen. So lehnt Foucault die Vorstellung von einem aus sich selbst heraus seienden und erkennenden Subjekt ab. Vielmehr sieht er dieses, wie auch das Denken vom und das Wissen über das Subjekt, als historisch geworden und gesellschaftlich konstituiert an. Ein zentraler Strang seiner Arbeiten ist die Herausarbeitung „der verschiedenen Verfahren (...), durch die in unserer Kultur Menschen zu Subjekten gemacht werden" (Foucault 1994b: 243). Diese Verfahren spürt er in der Geschichte und der Gegenwart westlicher Kultur auf, indem er das Zusammenspiel von Wissen und Macht in den Diskursen der Humanwissenschaften analysiert[3].

1.1 Konzeptualisierung von Wahrheit und Wissen in der Archäologie und in der Genealogie

Sowohl in der Archäologie, als auch später in der Genealogie, beschäftigt sich Foucault mit der Kontingenz von Wissen und Wahrheit. In der „Archäologie des Wissens" (1995), Foucaults einzigem methodolo-gischen Werk, entwirft Foucault ein epistemologisches Modell, welches die Beschreibung der inneren Strukturen und der Ordnung von Wissen zu einem spezifischen historischen Zeitpunkt ermöglichen soll. Auch hier werden traditionelle Einheiten der Ge-

---

[1] Die Kritik am metaphysischen Denken richtet sich gegen jede Vorstellung eines vorgängigen Prinzips, einer geschlossenen Struktur oder eines Sinnzentrums als Ursprung eines zu erklärenden Phänomens. Zentral ist dabei die Kritik an der Vorstellung von einem Da-Sein, das sich alleine aus seiner Existenz heraus erklärt. Auf solch einem Verständnis vom Sein gründet die Metaphysik der Präsenz.

[2] Der Logozentrismus geht von der Fähigkeit eines selbst-bewußten, rationalen, tranzendentalen Subjekts aus, ihm äußere Gegebenheiten und Bedeutungen (von Zeichen) zweifelsfrei und eindeutig zu erkennen. Zudem wird im Logozentrismus Sprache als auf den präsenten Sinn hin durchsichtig verstanden. Sie läßt ihn, unverzerrt und ohne eigene produktive Beteiligung vollständig erscheinen, indem sie ihn ab-bildet (vgl. Menke 1995: 39/40). Sowohl das Denken der Metaphysik, als auch der Logozentrismus bilden die Grundlage der gesamten westlichen Philosophiegeschichte.

[3] Im Laufe seines Werkes wechseln Foucaults Perspektiven, bzw. sie entwickeln sich in seinem Erkenntnisprozeß weiter. Fink-Eitel bezeichnet Foucaults Werk auch als eine ständige „Work in Progress" (Fink-Eitel 1992: 13). So stehen Foucaults Konzepte von Subjekt, Wissen/Wahrheit vor dem Hintergrund vielfältiger thematischer und theoretischer Wandlungen.

schichtsschreibung, wie die des Subjekts und des teleologischen Verständnisses von Entwicklung, Ursprung und Fortschritt zurückgewiesen. Vielmehr legt Foucault seinem Modell den Begriff des Diskurses[4] zugrunde. „Diskurs kann man", wie Foucault in der Archäologie formuliert, „eine Menge von Aussagen nennen, insoweit sie zur selben diskursiven Formation gehören."(Foucault 1995: 170)[5].

In der Archäologie untersucht Foucault, wie diskursimmanente Regeln die Produktion von Wissen regulieren. Es gibt keine von Außen vorgegebenen, dem Diskurs vorausgehenden Reglementierungen oder Regelwerke (Cain 1993: 76). Soziale Wirklichkeit tritt demnach als Effekt von Diskursen in Erscheinung. Ebenso ist Wahrheit in dieser Betrachtungsweise als ‚Fiktion' zu verstehen. Sie gründet nicht auf vordiskursiven Gegebenheiten, sondern bildet vielmehr einen diskursiven Rahmen, in dem Wissenschaft erst möglich wird.

Mit der Genealogie wendet sich Foucault von der alleinigen Betrachtung diskursimmanenter Strukturen und Regeln ab. Er ergänzt die archäolo-gische Diskursanalyse, wie er in „Die Ordnung des Diskurses" (1998) dargelegt hat, um die Genealogie, die untersuchen soll

> wie sich durch (...) Zwangssysteme hindurch (gegen sie oder mit ihrer Unterstützung) Diskursserien gebildet haben; welche spezifischen Normen und welche Erscheinungs-, Wachstums- und Veränderungsbedingungen eine Rolle gespielt haben. (Foucault 1998: 39)

Foucault knüpft mit der Genealogie an Nietzsches Grundannahmen an, wie dieser sie in „Zur Genealogie der Moral" (1980) ausgearbeitet hat. Mit der Ablehnung metaphysischer Grundannahmen stellt die Geschichte selbst nichts weiter als eine Historie „gewaltsam durchgesetzter Interpretationen" (Dreyfus und Rabinow 1994: 137) dar, der nicht die Wahrheit, sondern „Irrtum und Willkür" zugrunde liegen. Als Genealoge sieht Foucault seine Aufgabe darin, die Geschichte der grundsätzlich grundlosen Interpretationen aufzuzeichnen, die

---

[4] Raab weist auf die Schwierigkeit hin, den Diskursbegriff Foucaults abschließend zu definieren. Aufgrund von Foucaults Schwerpunktverschiebungen in seinem Werk, wandelt sich die Bedeutung seiner Begrifflichkeiten (vgl. Raab 1998: 26f). Deshalb sind diese Begriffe immer im Kontext des jeweiligen Textes bzw. Analyseschwerpunkts zu betrachten und zu definieren, in dem sie diskutiert werden.

[5] Der Begriff der Aussage bezieht sich dabei auf mehr als nur die direkte sprachliche Ebene, da z.B. auch Statistiken zu Aussagen gerechnet werden können, und wiederum nicht jeder geäußerte Satz als Aussage gilt. Kennzeichnend für eine Aussage ist vielmehr ihre Sinnhaftigkeit in Abhängigkeit zum humanwissenschaflichen Diskurs.

Wahrheitsregime und Diskurse beeinflussen, verfestigen oder verändern (vgl. Dreyfus & Rabinow 1994: 135).

> Wenn die Interpretation eine unendliche Aufgabe ist, so ganz einfach deshalb, weil es nichts zu interpretieren gibt. Es gibt nichts absolut Erstes zu interpretieren, denn auch wenn alles gesagt und getan ist, liegt all dem schon Interpretation zugrunde. (Foucault 1967: 189)

In der Konsequenz verschiebt sich auch Foucaults Verständnis von Diskursen: Er wendet sich von einer Konzentration auf sprachliche Aussagen, von einem großen „Modell der Sprache und der Zeichen" (Foucault 1978: 29), ab und untersucht nun Diskurse als zutiefst gesellschaftliche Praktiken. Damit werden auch nicht diskursive Faktoren wie soziale, ökonomische oder politische Bedingungen in seine Analysen mit einbezogen (vgl. Lemke 1997: 54f). Diskurse werden im Hinblick auf ihre Formierung, Aufrechterhaltung oder Veränderung untersucht. Für die Gesamtheit der diskursiven und nicht-diskursiven Praktiken verwendet Foucault den Begriff des Dispositivs. Darunter sind heterogene Elemente eines Netzes gemeint,

> (...) das Diskurse, Institutionen, architektonische Einrichtungen, reglementierende Entscheidungen, Gesetze, administrative Maßnahmen, wissenschaftliche Aussagen, moralische oder philantropische Lehrsätze, kurz Gesagtes ebensowohl wie Ungesagtes umfaßt (...). (Foucault 1978: 118f) [6]

---

[6] Wenn der Begriff des Diskurses als ein Ergebnis auch nicht-diskursiver Praktiken angesehen wird, selbst aber als rein diskursiver Bereich gilt, und Foucault in seiner Analyse diskursive und nicht-diskursive Praktiken berücksichtigen will, stellt sich die Frage, ob er nicht eher nach der Verschiebung seines Diskursbegriffs eine Dispositivanalyse als eine Diskursanalyse betreibt. Zu dieser Fragestellung ist anzu-merken, daß es in einer deutschsprachigen (vor allem feministischen) Diskussion, die sich auf die englischsprachige/angloamerikanische (feministische) Foucaultrezeption bezieht, in Bezug auf die Begrifflichkeiten von Diskurs und Dispositiv zu Unschärfen kommen kann, da es in der englischen Übersetzung von Foucault den Begriff des Dispositivs nicht gibt. Vielmehr ist dieser Begriff kontextualisiert z.B. als „historical construct" (1990: 105 im Deutschen 1997: 128: geschichtliches Dispositiv), „deployment of sexuality" oder „deployment of power" (1990: 86 im Deutschen 1997: 95: Dispositiv der Sexualität, und S. 106/7: Dispositiv der Herrschaft), oder „apperatus" (1990: 84; im Deutschen 1997: 105: Einheit des Dispositivs) übersetzt. Folglich wird der Begriff des Diskurses im Englischen entweder als erweiterter Diskursbegriff verstanden, der nicht-diskursive Praktiken mit einbezieht und Aussagen wie „The point of Foucaults genealogical method was to analyze discourses." (Ramazanoglu 1993: 19) möglich macht, oder aber es wird zwischen Praktiken und Diskurse unterschieden : „The

Mit der Analyse der Entwicklung von Diskursen und den sie stabilisierenden oder verändernden Praktiken bringt Foucault gleichzeitig eine Problematisierung von Macht ins Spiel. Denn wenn – wie bereits ausgeführt – Wahrheit nichts weiter als eine willkürliche, d.h. kontingente Form der Interpretation ohne metapyhsischen Grund ist, stellt sich die Frage, wie sich bestimmte Interpretationen zu hegemonialen Diskursen verfestigen können, sich verändern oder abgelöst werden. Dies erfordere, so Raab, die Funktion von Diskursen im Zusammenhang mit Machtpraktiken und Herrschaftsstrukturen in Augenschein zu nehmen (Raab 1998: 30).

1.2 „*Die* Macht gibt es nicht..." – Foucaults Konzeptualisierung von Macht

Mit der Einbeziehung von Machtpraktiken und Herrschaftsstrukturen ergibt sich für Foucault eine erneute Akzentverschiebung in seiner Arbeit. Ab „Überwachen und Strafen" (erstmals erschienen 1975) wird das Problem der Macht zu einem zentralen Thema (vgl. Lemke 1997: 54 ff). Am Anfang dieser Problematisierung steht für Foucault die Feststellung, daß die Funktionsweise und Eigenart von Machtprozessen nicht wirklich untersucht worden ist:

> Vielleicht kommt unsere Verlegenheit bei der Suche nach adäquaten Kampfformen daher, daß wir noch immer nicht wissen, was die Macht ist. Es hat immerhin bis zum 19. Jahrhundert gedauert, bis man erkannte, was die Ausbeutung ist. Aber was die Macht ist, weiß man wohl immer noch nicht (...) . Das ist heute die große Frage: Wer übt die Macht aus? Wo wird Macht ausgeübt? Man weiß in etwa, wer ausbeutet, wohin der Profit geht, zwischen wem er hin und her wandert, wo er wieder investiert wird. Aber die Macht? Man weiß, daß sie nicht in den Händen der Regierung liegt. Aber auch der Begriff der ‚herrschenden Klasse' ist nicht sehr klar. (Foucault 1987: 112)

So zeichnet sich Michel Foucault vor anderen VertreterInnen poststrukturalistischer Ansätze vor allem durch die Entwicklung eines Machtkonzeptes aus (vgl.

---

task of „genealogy" (...) is to enquire into (...) practices and discourses." (Grimshaw 1993: 53).

Boyne 1990: 2). Bei ihm wird explizit thematisiert und theoretisiert, was bei anderen poststrukturalistischen AutorInnen, wie z.B. Derrida, implizit bleibt: Die Bedeutung und Funktionsweise von Macht und Machtprozessen. Mit dieser Konzeptualisierung von Macht hat Foucault eine Möglichkeit geschaffen, den untrennbaren Zusammenhang der Formierung von Wissen und der Konstituierung von Subjekten mit der Macht heraus arbeiten zu können.
Eines der Hauptanliegen Foucaults ist es, der Vorstellung von einem klassischen monolithischen, repressiven Machtbegriff ein Verständnis von relationalen und komplexen Machtverhältnissen entgegenzusetzen, die produktiv wirken[7]. Damit unterscheidet sich Foucaults Machtbegriff z.B. von marxistischen oder staatstheoretischen Ansätzen, die Macht und ihre Funktionen in einer Quelle, nämlich die der Herrschenden, verortet sehen (vgl. Ott 1998: 23). Foucault bestreitet nicht, daß es Herrscher und Beherrschte gibt, oder daß es eine Staatsmacht gibt, die machtvolle Kräfte zeitweise kontrolliert und damit hegemoniale Machtverhältnisse entstehen läßt. Er betont jedoch immer wieder, daß die machtvollen gesellschaftlichen Hegemonien zwar als Verfestigungen oder „institutionelle Kristallisierungen" (Foucault 1997: 113) von Machtverhältnissen zu betrachten sind, nicht aber als unumstößlich feste, kohärente Formen oder Ursprünge von Macht angesehen werden können.

> Die Analyse, die sich auf der Ebene der Macht halten will, darf weder die Souveränität des Staates, noch die Form des Gesetzes, noch die globale Einheit einer Herrschaft als ursprüngliche Gegebenheiten voraussetzen; dabei handelt es sich eher um Endformen. Unter Macht, scheint mir, ist zunächst zu verstehen: die Vielfältigkeit von Kraftverhältnissen, die ein Gebiet bevölkern und organisieren; das Spiel, das in unaufhörlichen Kämpfen und Auseinandersetzungen diese Kraftverhältnisse verwandelt, verstärkt und verkürzt (...). (Foucault 1997: 113)

[7] Foucault hat auch schon vor „Überwachen und Strafen" Macht thematisiert. Mit dieser Akzentverschiebung verändert Foucaults seine frühere Auffassung von Macht, von der er sich in „Dispositive der Macht" (Ders. 1978) explizit distanziert (vgl. Ders. 1978: 105). Mit „Überwachen und Strafen" wendet sich Foucault von der Vorstellung einer allein negativen repressiven juridischen Machtkonzeption ab, in dem „das Gesetz sagt, was untersagt ist" (Ders. 1978: 104). Etwa in „Wahnsinn und Gesellschaft" (1969) oder in „Die Ordnung des Diskurses" (1998) vertritt Foucault noch ein Machtmodell, das seine Wirkung alleine über „Ausschließungen, Verwerfungen, Versperrungen, Verneinungen, Verschleierungen usw." (Ders. 1978: 105) erzielt.

Macht erscheint immer in Verhältnissen und ist somit grundsätzlich als relational zu betrachten. In ihrer relationalen Beschaffenheit sind Machtverhältnisse als Spannungen zwischen „unzähligen Punkten" (Foucault 1997: 115) zu verstehen, die permanent in Bewegung sind und sich in unentwegt verändernden Prozessen befinden. Foucault konzipiert Macht damit nicht als etwas, was gegeben ist, als eine Einheit, die besessen werden kann oder als eine dem gesellschaftlichen Feld von Beziehungen vorangehende äußere Kraft, die in ihrem Ursprung lokalisiert werden könnte. Dem entgegengesetzt besteht er vielmehr auf eine partikulare, instabile und veränderbare „Allgegenwart der Macht" die „von überall kommt" (Foucault 1997: 114) und damit auf die permanente Anwesenheit von Macht in jeder Beziehung.

> Die Macht gibt es nicht. (…) die Idee, daß es an einem gegebenen Ort, oder ausstrahlend von einem gegebenen Punkt etwas geben könnte, das eine Macht ist, scheint mir auf einer trügerischen Analyse zu beruhen (…) Bei der Macht handelt es sich in Wirklichkeit um Beziehungen, um ein mehr oder weniger organisiertes, mehr oder weniger pyramidialisiertes, mehr oder weniger koordiniertes Bündel von Beziehungen. (Foucault 1978: 126, Hervorhebung im Original)

In diesem Bündel von Beziehungen befinden sich auch die Individuen, situiert in unzähligen Machtverhältnissen, die sie durchkreuzen.

1.2.1 Die Mikrophysik der Macht: Politische Anatomie von Körper, Seele und Individuum

Das Bündel von machtvollen Beziehungen, in dem sich das Individuum befindet, verbildlicht Foucaults Dezentrierung des autonomen Subjekts. Es trifft sich mit seiner Ablehnung des kohärenten, authentischen und transzendenten Subjekts der Moderne. Nach Foucault besteht das Subjekt nicht als ein einheitliches Wesen aus sich selbst heraus, das der Macht vorgängig wäre. Vielmehr wird das Subjekt mittels der Produktivität von Macht hervorgebracht. Diese Produktivität der Macht formuliert Foucault in seinen Analysen der Disziplinarmacht aus, die sich seit dem 17. und dem 18. Jahrhundert in modernen westlichen Gesellschaften gebildet hat.

In der Disziplinargesellschaft sind Subjektivierungsprozesse und Individualisierungen ineinander verschränkt. Hierbei spielen Normen, die zugleich individualisierbar und vergleichbar machen, eine zentrale Rolle (vgl. Hark 1996: 40). Unter einem hierarchisierenden Blick in den sich herausbildenden Humanwissenschaften werden Messungen vorgenommen, Abstände bestimmt, Prüfungen abgenommen (vgl. Foucault 1994a: 248). Ihre Ergebnisse bringen das Individuum hervor und geben ihm die Möglichkeit einer persönlichen Geschichte, wie etwa einer Bildungsgeschichte oder Krankheitsgeschichte. Somit gibt es keinen Ausschluß und kein Außerhalb der Norm: die Bildung von Persönlichkeit und Individualität findet immer in Relation zur Norm statt. Das Individuum selbst ist Ergebnis vielfältiger Normalisierungspraktiken, die sich auf alle Einrichtungen der Gesellschaft ausbreiten. Die Vielfältigkeit, Verstreuung und Alltäglichkeit der Disziplinartechniken – die allgegenwärtigen Mikropraktiken der Macht – charakterisieren die Mikrophysik der produktiven Macht (vgl. Raab 1998: 43).
Körper und Seele unterliegen diesen Normalisierungen, Codierungen und Disziplinierungen. Diese Mikropraktiken der Macht erscheinen jedoch nicht als Unterdrückung oder Sklaverei, vielmehr gehen sie mit der „Kunst des menschlichen Körpers" (Foucault 1994a: 176), auch mit der „Intensivierung der Lüste" (Foucault 1997: 128) einher, wie Foucault in „Sexualität und Wahrheit Bd. 1" ausführt. Gerade letzteres bildet den Anreiz der weiteren Diskursivierung des vermeintlich ‚Innersten', ‚Intimsten' und ‚Eigensten'. Es gilt, eigene Lust zu ergründen, indem sie thematisiert und beständig zur Sprache gebracht wird. So ist das ‚innerste Persön-liche' selbst diskursiv formiert.

> Ebenso wenig wie der Körper ist die ‚Seele' eine anthropolo-gische Konstante, die bestenfalls nach Zeit und Umständen variieren kann; wie physische müssen psychische Prozesse innerhalb von historischen Kontexten situiert werden, sie sind weniger methodische Ausgangspunkte, die als unveränderlich vorausgesetzt werden können denn „Effekte/Instrumente einer politischen Anatomie" (Foucault 1975a, 42) [entspricht Foucault 1977, S.P.], die bestimmte historisch kontingente Formen von Körperlichkeit und psychischer Verfasstheit produziert. (Lemke 1997: 114f)

Das subjektivierte Subjekt und der disziplinierte Körper sind nicht nur passive Objekte machtvoller Strategien, sondern beteiligen sich vielmehr an den Mikropraktiken der Macht. Die machtvoll hervorgebrachten Subjekte unterwerfen sich und messen sich, identifizieren sich, reden über sich und ihre beständige Suche nach ihrer innersten individuellen ganzen Wahrheit. Auf diese Weise tragen sie zur ständigen Sichtbarkeit ihrer selbst bei. Hinter dieser Sichtbarmachung, die scheinbar die natürliche oder essentialistische innere Wahrheit des Subjekts zu Tage fördert, bleiben die Produktivität von Macht und ihre Technologien verborgen. Naturalisierungen und Verobjektivierungen verschleiern, daß das Individuum an einem spezifischen Kreuzungspunkt von Wissen und Macht entsteht.

> Die Disziplinarmacht (...) setzt sich durch, indem sie sich unsichtbar macht, während sie den von ihr Unterworfenen die Sichtbarkeit aufzwingt. In der Disziplin sind es die Untertanen, die gesehen werden müssen, die im Scheinwerferlicht stehen, damit der Zugriff der Macht gesichert bleibt. (Foucault 1994a: 241)

Je verborgener diese Macht bleibt, desto stärker ist die Individualisierung der von der Macht Unterworfenen (vgl. ebd.: 248). Ihre Wirksamkeit hängt von ihrer Verschleierung ab.

> Nur unter der Bedingung, daß sie einen wichtigen Teil ihrer Selbst verschleiert, ist die Macht erträglich. Ihr Durchsetzungserfolg entspricht ihrem Vermögen, ihre Mechanismen zu verbergen. (Foucault 1997: 107)[8]

Auf diese Weise ist das Wissen über das Selbst und seine vermeintlich wahre Natur an diesen Machtmechanismus gebunden. Je größer und ausgefeilter die Suche nach dieser inneren Wahrheit, desto wirkungsvoller ist die Macht der Normalisierung[9]. Demnach stehen Wissen und Macht auf der Ebene des Subjekts in einem konstitutiven Abhängigkeitsverhältnis zueinander und treten als Macht/Wissenskomplex auf.

---

[8] Diese Verschleierungsmetaphorik taucht in Bezug auf die Macht in „Überwachen und Strafen" und in „Der Wille Zum Wissen" mehrfach auf.

[9] Foucault sieht dementsprechend in der Psychoanalyse eine Normalisierungspraxis. Sie betreibe die Suche nach den inneren Wahrheiten der Psyche und gehe mit beständigen „Geständnisprozeduren" einher, die nur scheinbar aus der Tiefe des Selbst hervorbrächten, was erst in diese Tiefe hineingeredet werde, erst „um den Körper, am Körper" und „im Körper" (vgl. Foucault 1997: 41) produziert werde. Dem kann Foucault nur mit einer starken Ablehnung der Psychoanalyse begegnen.

1.2.2 Die Verschränkung von Macht und Wissen in der Sexualität

Eine weitere – für Foucault äußerst bedeutsame – Verschränkung von Wissen und Macht „verlaufe", so Ott, „über die Sexualisierung von Individuen." (Ott 1998: 21). In „Der Wille zum Wissen" arbeitet Foucault heraus, wie sehr moderne Machtverhältnisse untrennbar mit dem historischen Erscheinen von Sexualität verknüpft sind (ebd.). Foucault lehnt die Existenz einer vorgängigen, zu befreienden Sexualität ab. Statt dessen setzt er der Vorstellung einer durch Macht unterdrückten Sexualität – eine Vorstellung, die er als Repressionshypothese[10] bezeichnet – sein Konzept der Produktivität der Macht entgegen: Er sieht die Sexualität gerade durch Machttechniken generiert. Mit diesen Technologien der Sexualität – wie z.B. dem Geständnis – werden eine Vielzahl von Diskursen hervorgebracht, die Sexualität erst konstituieren. Über die Hervorbringung der Sexualität durch Diskurse, Normalisierungstechniken und Praktiken wird diese machtvoll in die Körper der Individuen eingeschrieben. Dabei wirkt die Macht jedoch nicht von außen auf die Körper ein. Vielmehr sind die sexualisierten Körper von Macht durchdrungen, denn die Macht ist der Sexualität inhärent. In diesem Denken wird das vermeintlich ‚Intimste' des Individuums zu einem Moment, das die erfolgreiche Normalisierung des Subjekts indiziert. So ist die Sexualität

> nicht als eine Naturgegebenheit zu begreifen, welche niederzuzwingen die Macht sich bemüht und auch nicht als ein Schattenreich, den das Wissen allmählich zu entschleiern sucht. ‚Sexualität' ist der Name, den man einem geschichtlichen Dispositiv geben kann. Die Sexualität ist keine zugrunde liegende Realität, die nur schwer zu erfassen ist, sondern ein großes Oberflächennetz, auf dem sich die Stimulierung der Körper, die Intensivierung der Lüste, die Anreizung zum Diskurs, die Formierung der Erkenntnisse, die Verstärkung der Kontrollen und Widerstände in einigen großen Wissens- und Machtstrategien miteinander verketten. (Foucault 1997: 127f)

Foucaults Sichtweise der Sexualität läßt seine Analyse für die feministische Theoriebildung attraktiv werden, denn er liefert parallel zu feministischen An-

---

[10] Unter dem Begriff der Repressionshypothese subsumiert Foucault die Vorstellung einer durch gesellschaftliche Verhältnisse unterdrückten Sexualität, wie sie sich in sexualitätstheoretischen Positionen ab Mitte der 60er Jahre im Rekurs auf marxistische und psychoanalytische Denktraditionen herausgebildet hat (vgl. Bührmann 1995: 36).

sätzen Argumente gegen naturalisierende Sexualitätskonzeptionen. Darin überschneidet er sich mit zahlreichen feministischen Publikationen, die herausstellen, daß Sexualität machtvoll durchdrungen ist und als solche zur Verfestigung von Herrschaftsverhältnissen beiträgt. Gerade deshalb sei es – so Martin – erstaunlich, daß sich in Foucaults Arbeiten zur Sexualität kein Bezug zu feministischen Arbeiten fände (vgl. Martin 1988: 7). Zudem wird Foucault von Feministinnen für die weitestgehend vernachlässigte Thematisierung der Geschlechterdifferenz kritisiert. So fehle eine geschlechtsspezifische Differenzierung der Mikropraktiken der Macht, die weibliche Körper hervorbringe (Bartky 1988: 63 ff). Foucault beziehe nicht mit ein, „*wie* und *warum* die biologische Zweigeschlechtlichkeit in die vielfältigen Körper eingeschrieben worden ist" (Bührmann 1995: 51, kursiv im Original). Nach Andrea Bührmann bilde das Wissen um die biologische Zweigeschlechtlichkeit, das sie unter den Begriff des Geschlechterdispositiv faßt, erst die Möglichkeit für die Etablierung des Sexualitätsdispositivs (ebd.). De Lauretis betont jedoch, daß trotz der Vernachlässigung der Geschlechterdifferenz durch Foucault selbst, die Erweiterung seiner Macht- und Sexualitätsanalyse für feministische Zwecke nicht ausgeschlossen ist (vgl. 1987: 3).
Foucaults Sichtweise entsprechend, ist das Leben des Subjekts zutiefst gesellschaftlich durchdrungen, oder treffender: wesentlich gesellschaftlich formiert. Anstatt einen Garant und einen Rückzugsort für die Autonomie oder individuelle Freiheit des Subjekts zu bilden, ist das Leben selbst nur in der integralen Verflechtung mit Machtstrategien zu denken.

1.3 Das handelnde Subjekt im Netzwerk von Freiheit, Macht und Widerstand

Trotz der Durchdrungenheit des Lebens von Machtstrategien und der diskursiven Konstituiertheit der Subjekte, hört das Subjekt bei Foucault nicht auf, als AgentIn zu existieren. Im Gegenteil, Foucaults Machtkonzept ist auf handelnde Subjekte angewiesen. Die relationale Macht realisiere sich nur mit dem Handeln der Subjekte, in der Wirkung einer Handlung auf eine andere. „Es gibt Macht nur als von den ‚einen' auf die ‚anderen' ausgeübt. Macht existiert nur *in actu.*" (Foucault 1994b: 254, kursiv im Original)
Dementsprechend könnten sich Machtverhältnisse nur realisieren, wenn das Subjekt als handelndes anerkannt werde. Die Macht könne nicht einem Ge-

waltverhältnis gleich auf die Zerstörung des handelnden Subjekts zielen. Sie würde ihre eigene Existenzmöglichkeit unterminieren. Die Handlung als solche brauche verschiedene Alternativen und Möglichkeiten, sonst wäre sie bloße Reaktion. Insofern werde Macht „nur auf ‚freie Subjekte' ausgeübt und nur sofern sie ‚frei' sind" (Foucault 1994b: 255) und ihnen ein Feld von alternativen Handlungsmöglichkeiten offenstehe. Die Macht möge ein Möglichkeitsfeld von reaktiven Handlungen zu strukturieren suchen. Sobald sie jedoch in Determination umschlage, gefährde sie ihre existentielle Grundlage.
Foucault belegt die Freiheit mit einem widerständigen Potential (vgl. Foucault 1994b: 259). Aufgrund des „strikt relationalen Charakters der Machtverhältnisse" (Foucault 1997: 117) könne der Widerstand jedoch nicht als außerhalb der Macht liegend gedacht werden. Widerstand zu leisten, bedeute, sich immer schon in einem Verhältnis zur Macht zu befinden, gegen die der Widerstand wirken soll. Daraus folge jedoch nicht, daß Widerstand und Freiheit immer den Machtstrategien unterlegen wären.

> Die Widerstände rühren nicht von irgendwelchen ganz anderen Prinzipien her, aber ebensowenig sind sie bloß trügerische Hoffnung und notwendig gebrochenes Versprechen. Sie sind in den Machtbeziehungen die andere Seite, das nicht wegzudenkende Gegenüber. Darum sind sie auch unregelmäßig gestreut; die Widerstandspunkte, -knoten, und -herde sind mit größerer oder geringerer Dichte in Raum und Zeit verteilt (...). (Foucault 1997: 117)

Da Foucault Macht nicht monolithisch konzipiert, sondern als ein Feld von „vielfältig beweglichen Machtbeziehungen" (Foucault 1997: 119), lasse sich weder eine lineare Wirkung von Macht auf Widerstand oder von Widerstand auf Macht herleiten, noch ließen sich Macht und Widerstand polarisiert oder personifiziert gegenüberstellen. Große Veränderungen im Feld der Macht seien wohl über das strategische Zusammenführen von Widerstandspunkten erreichbar, doch sieht Foucault vereinzelte transitorische und mobile Widerstandspunkte und ihre Wirkungen in lokalen Machtbeziehungen als weiter verbreitet, permanenter und wirksamer an (vgl. Foucault 1997: 116ff).
Das in vielfältigen Diskursen konstituierte und von vielfältigen Machtbeziehungen durchzogene Subjekt könne also nicht als determiniert und rein konform handelndes verstanden werden. Seine Freiheit – die die Möglichkeitsbedingung der Machtverhältnisse sei – und seine Widerstandsmöglichkeiten seien dennoch nicht mit einer Autonomie gleichzusetzen.

In der Relationalität von Macht und ihrer Untrennbarkeit mit Freiheit und Widerstand kann nicht mehr zwischen der Autonomie des Subjekts oder dessen Determiniertheit polarisiert werden. Beide Größen verlieren in dieser Verhältnismäßigkeit ihren sich gegenseitig ausschließenden kohärenten Charakter. Sie büßen damit gleichzeitig ihre jeweilige Bedeutung und Bedeutsamkeit ein, denn sowohl Autonomie als auch Determiniertheit bestehen nur in ihrer absoluten gegenseitigen Ausschließlichkeit. Da diese in der Untrennbarkeit von Macht, Freiheit und Widerstand aufgebrochen wird, stehen beide Größen in Bezug auf das in vielfältigen Machtverhältnissen konstituierte Subjekt nicht mehr für die Beschreibung seiner Position im gesellschaftlichen Feld zur Verfügung.

2. *Jacques Derrida: Die Dekonstruktion des Subjekts und der Identität*

> *Er [Derrida, S.P.] sagt, daß er den ‚blinden Fleck' im Auge des Autors aufspüren will, den Punkt, von dem aus dieser sieht und den er gerade deshalb selbst nicht sehen kann. (Kimmerle 1988: 25)*

> *Wir haben eben keine andere Sprache – etwa eine, die ohne Entgegensetzungen arbeiten würde –, daher müssen wir von einer herrschenden Sprache ausgehen, welche sogar noch ihre Entgegensetzungen als Teil ihrer selbst reklamiert und Kritik so immer schon als Moment ihrer selbst integrieren kann. (Engelmann 1993: 19)*

In seinen Schriften nimmt Derrida die strukturalistischen Saussurschen Grundannahmen über die immanente Dynamik von Sprache auf. Er geht über diese jedoch hinaus, indem er sie kritisiert und modifiziert. Derrida überschreitet de Saussure dort, wo dieser aufgrund phonozentristischer[1] und logozentristischer[2] Annahmen metaphysische Vorstellungen von einem Ursprung oder Ausgangspunkt des Bezeichnungsvorganges hat (vgl. Culler 1988: 111). So bildet für de Saussure ein aus sich selbst heraus seiendes Denken den Mittelpunkt der Bezeichnungspraxis (vgl. Tepe 1992: 153).

Poststrukturalistischen Grundauffassungen entsprechend, lehnt Derrida jegliches Ursprungs- und Finalitätsdenken im Ansatz ab. Diese Ablehnung findet sich in seiner

Metaphysikkritik[3] sowie in seiner Kritik am Logozentrismus wieder. Für Derrida gibt es weder ein aus sich selbst heraus seiendes, noch ein über transzendentale Fähigkeiten verfügendes Subjekt. Vielmehr ist für ihn das Subjekt eine rein kontingente Position in der Sprache. Die Sprache selbst betrachtet Derrida

---

[1] Nach phonozentristischer Auffassung gibt die Sprache unmittelbar das Denken wieder, während die Schrift der Sprache nachgeordnet ist und als bloßes vermittelndes Instrument des Denken gilt.

[2] Zur Definition der Metapysikkritik wie des Logozentrismus vgl. Kapitel 1, Fußnote 2.

[3] Zur Definition der Kritik am metaphysischen Denken vgl. Kapitel 1, Fußnote 1.

als ein beständiges Spiel der Signifikation. Er stellt den strukturalistischen Annahmen von positiven durch Konventionen fixierten Begriffen (vgl. Weedon 1991: 38), eine beständige Bewegung und Erneuerung von Bezeichnungen entgegen.

2.1 Alles ist Text oder: Das transzendentale Subjekt zur Sprache gebracht

Ohne die Voraussetzung eines erweiterten Textverständnisses wäre Derridas Konzept der Dekonstruktion nicht möglich (vgl. Wartenpfuhl 1996: 195). Mit der strikten Ablehnung eines der Sprache vorausgehenden Ursprungs oder Zentrums wird in Derridas Metaphysikkritik alles zum Text.

> Das, was ich also Text nenne, ist alles, ist praktisch alles. (...) Folglich setzt dieser neue Begriff des Textes, der ohne Grenzen ist (...), voraus, daß man in keinem Moment etwas außerhalb des Bereichs der differentiellen Verweisungen fixieren kann, das ein Wirkliches, ein Anwesendes oder ein Abwesendes wäre. (Derrida 1987: 107f)

In Derridas Denken löst sich ein der Bezeichnungspraxis außenstehender, zeitlich vorgängiger Gegenstand (der Referent), den es zu bezeichnen gelte vollständig auf. Der Gegenstand der Bezeichnung wird von Derrida als zeitgleich mit der Signifikation hervorgebracht verstanden. Mit anderen Worten: Während z.B. im Saussurschen Strukturalismus ein Gewächs mit bunten Blättern rein zufällig den Namen ‚Blume' erhält, tritt nach Derrida ein Gewächs mit bunten Blättern als solches erst mit der Bezeichnung ‚Blume' in Erscheinung – wird erst ab diesem Moment der Bezeichnung vorstellbar, wahrnehmbar, denkbar und intelligibel. Die Bezeichnungspraxis bringt hervor, was sie benennt.
Folglich kann ein Zeichen nicht mehr als ein Instrument angesehen werden, welches ein der Bezeichnung vorausgehendes Apriori bezeichnet, für das es steht und das es somit stellvertritt. Da es keinen Referenten als angenommenes Apriorie gibt, existiert kein Ursprung oder kein Zentrum mehr, auf das sich eine Bezeichnung bezieht.

> Das [Zeichen als, S.P.] Substitut ersetzt nichts, das ihm irgendwie präexistiert hätte. Infolgedessen mußte man sich wohl eingestehen, daß es

> kein Zentrum gibt, daß das Zentrum nicht in der Gestalt eines Anwesenden gedacht werden kann; daß es keinen natürlichen Ort besitzt, daß es kein fester Ort ist, sondern eine Funktion, eine Art von Nicht-Ort, worin sich ein unendlicher Austausch von Zeichen abspielt. (…) Es ist dies (…) der Augenblick, da infolge der Abwesenheit eines Zentrums oder Ursprungs alles zum Diskurs wird. (Derrida 1993b: 117)

Jenseits des Ursprungsdenkens wird alles zum Diskurs, zu einem bedeutungsproduzierenden Text: „ (…) der Text beschränkt sich folglich nicht auf das Geschriebene (…). Die Rede ist Text, die Geste ist ein Text, die Realität ist ein Text in diesem neuen Sinne“ (Derrida 1987: 107f).

Im absoluten Textbegriff, der als deckungsgleich mit Derridas Diskursbegriff verstanden werden kann, wird zudem eine Unterscheidung zwischen Schrift und Rede hinfällig (vgl. Beardworth 1996: 13). Beide werden gleichsam unter dem Text/Diskursbegriff subsumiert. Schrift, Sprache, Text oder Diskurs[4] können dabei als Ausdrücke für den ‚Immanenzraum‘ der Sprache verstanden werden, in und mit dem eine kontinuier-liche Bedeutungshervorbringung und Verschiebung stattfindet (vgl. Gehring 1994: 108). Dekonstruktivistische Äußerungen darüber, daß es kein Außerhalb der Sprache oder des Textes, kein Außerhalb der Schrift oder des Diskurses gibt, sind als synonyme Aussagen zu betrachten[5]. Nach dieser Auffassung bleibt einem Denken, „auch wenn es von Innen und Außen redet“ nur die „texthaft beschaffene (…), streng immanente Welt.“ (Gehring 1994: 108f).

Erkenntnis und Bewußtsein des Subjekts treten demnach nicht nur als lediglich versprachlicht in Erscheinung. Die Sprache ist nicht das Mittel, mit dem sich

---

[4] In der Sekundärliteratur zu Derrida finden sich die verschiedenen Begriffe von Text, Diskurs, Schrift und Sprache häufig synonym verwendet. Einige AutorInnen konzentrieren sich ausschließlich auf die Begrifflichkeit ‚Schrift‘ (Kofman 1987, Gehring 1994) und andere auf die Begrifflichkeit ‚Sprache‘ (z.B. Menke 1995). Butler verwendet vorwiegend die Begriffe der ‚Sprache‘ und des ‚Diskurses‘. Derrida selbst verwendet in seinen Schriften je nach Text unterschiedlich die Begriffe ‚Text‘, ‚Sprache‘ (1997), oder ‚Schrift‘ (1993a, 1993b). Der Begriff des Diskurses findet sich bei ihm eher selten. Im folgenden verwende ich die einzelnen Begriffe abwechselnd, jeweils in Bezug auf Argumentationen und Zitate einzelner AutorInnen.

[5] In dieser Charakterisierung des Derridaschen Diskursbegriff wird deutlich, daß dieser sich von Foucaults genealogischem Diskursbegriff unterscheidet. Während es für Derrida kein ‚Außerhalb des Diskurses‘ geben kann, gibt es in Foucault Ansatz nicht-diskursive Praktiken (z.B. Körperpraktiken) und nicht-diskursive Bedingungen, die zur Formierung von Diskursen beitragen (vgl. Kapitel 1.1 und Dreyfus/Rabinow 1994: 134). Dieser unterschiedliche Diskursbegriff liegt in einer verschiedenen Auffassung des Sprachlichen von Foucault und Derrida begründet.

Erkenntnis und Bewußtsein ausdrücken, sondern Erkenntnis und Bewußtsein selbst sind genuin sprachlich. Ein erkennender Blick auf die außersprachliche Welt ist damit nicht möglich. Dementsprechend kann das Subjekt nicht als Zentrum seiner Erkenntnis betrachtet werden, welches die ihm äußerliche Wahrheit erkennen könnte. Diese Vorstellung vom Subjekt und dem Objekt der Erkenntnis (in der Form von Wahrheit) ist – nach Derridas Verständnis – eine für ‚unser' Denken notwendige grammatikalische Illusion. Ein Satz wie: ‚Das Subjekt erkennt die Welt' ist als solcher lesbar und verstehbar, weil es die grammatikalische Konstruktion der Subjekt-Prädikat-Objekt-Folge einhält. Nur in der korrekten Positionierung, der die Strukturierung ‚unseres' Denkens entspricht, erhalten diese drei Elemente (‚das Subjekt' als Subjekt, ‚erkennt' als Prädikat und ‚die Welt' als Objekt) eine Bedeutung[6].

In dieser grammatikalischen Folge sind zum einen das Subjekt und das Objekt (als die ihm äußerliche Welt) von einander geschieden, zum anderen geht das Subjekt dem Prädikat, der Handlung des Erkennens, voraus. Das Erkennen in dieser Position ist nun aber selbst eine sprachliche Hervorbringung, die ihrerseits das Subjekt als Erkennendes und das Objekt als Erkanntes erst konstituiert.

Wird die Subjekt-Prädikat-Folge als rein sprachliches Konstrukt verstanden, löst sich die Vorstellung von einem Subjekt, das seiner Erkenntnis vorausgeht auf, und es gibt keine ‚TäterIn hinter der Tat'[7] des Erkennens mehr[8]. Der Wille des Subjekts, die Welt zu erklären und damit zur Erkenntnis zu gelangen, hält lediglich die Illusion des Subjekts als AgentIn aufrecht. So ist dieser Wille zum Erklären bereits

> a symptom of the desire to have a self in the world. In other words, (...) The possibility of explanation carries the presupposition of an explainable (even if not fully) universe and an explaining (even if imperfectly) subject. These presuppositions assure our being. (Spivak 1995: 380)

---

[6] Dies impliziert eine Begrenztheit dieser an der Grammatik orientierten Subjektkritik auf ganz bestimmte Sprachen und beschränkt die westliche Logik zugleich auf diese Sprachen.

[7] Die Kritik an einem ‚Täter hinter der Tat' geht auf Friedrich Nietzsche zurück. Auch Judith Butler greift diese Kritik mehrfach in ihren Argumentationen auf (vgl. Wagner 1998).

[8] Mit der Dekonstruktion der Subjekt-Prädikat-Folge ergeben sich in dekonstruktivistischen Texten häufig spezifische Sprachspiele und Sprachstile, die den konkreten grammatikalischen Einsatz des Subjekts zu vermeiden suchen. An Stelle des Subjekts tritt dann häufig ein substantiviertes Verb. Hierin mag einer der Gründe liegen, weshalb sich dekonstruktivistische Texte häufig einem einfachen Lesefluß widersetzen.

Derridas Dekonstruktion geht nicht mehr von einem ‚Ich' als Urheber eines Diskurses aus, sondern sieht im ‚Ich' ausschließlich einen sprachlich-diskursiv erzeugten Effekt (vgl. Wagner 1998: 39). Das Objekt seiner Erkenntnis, die Wahrheit, wird selbst zu einer innersprachlich hervorgebrachten kontingenten Größe.

2.2 Derridas Metaphysikkritik

In der westlichen Philosophie nimmt das metaphysische Denken der Präsenz eine zentrale Rolle ein. Die Präsenz steht für dasjenige, was sich aus sich selbst heraus erklärt, aus seinem unumgänglichen ‚Da-Sein' und ‚So-Sein'. Sie wird als das ‚Sein' verstanden, das sich jenseits der konkreten Dinge der Natur unreduzierbar findet. Dieses unreduzierbare ‚Sein' als Existenz an sich ließe sich, dieser Vorstellung folgend, nicht empirisch durch Beobachtungen und Experimente, sondern nur über logische Schlüsse der Philosophie entdecken[9].

> Die Metaphysik der Präsenz ist der Glaube an die zeitliche und ontologische Priorität der reinen mit sich identischen Präsenz, die Bestimmung des Seins von Sein überhaupt als Präsenz. (Menke 1995: 38)

Die Vorstellung von der Präsenz, als Wesen der Existenz, findet sich nach Derrida z.B. in Begriffen wie Essenz, Substanz, Subjekt, Transzendentalität, Bewußtsein, Gott und Mensch wieder (vgl. Derrida 1993b: 116). Sie alle sind als reine Kategorien des So-Seienden Namen für Ausgangsort, Ursprung oder Zentrum unreduzierbarer Begründungen oder Prinzipien. Das Metaphysische ist *der* Gegenstand der westlichen Philosophie. So ist die Geschichte der Metaphysik und der Auseinandersetzungen, die um sie geführt werden, die Geschichte der westlichen Philosophie überhaupt.
In seinen zahlreichen Ausführungen zur immanenten Dynamik von Sprache, Schrift und Text betont Derrida, daß es die reine, mit sich selbst identische Prä-

---

[9] In dieser Annahme gründet die klassische philosophische Opposition von Philosophie und Empirie. Beide werden als gegensätzlich und miteinander unvereinbar angesehen. Derridas Anliegen ist die Dekonstruktion dieser Opposition, die den Gegensatz von Intelligibilität (als Grundvoraussetzung für logische Erkenntnis) und Sinnlichkeit (als Grundvoraussetzung für Beobachtungen) mit hervorbringt (vgl. Derrida 1993a: 79ff).

senz nicht gibt – sie *ist* nicht und kann niemals *sein*, sondern stellt vielmehr ein unerreichbares, illusorisches Ideal der Bezeichnungspraxis dar.

2.2.1 Fehlgehende Re-Präsentationen: Zur Uneinholbarkeit der Präsenz

Derrida stellt, wie bereits erwähnt, die Möglichkeit, qua Schrift/Sprache einen Sinn abzubilden, fundamental in Frage. Die vermeintliche Fähigkeit der Schrift vollständig und ohne verzerrende Beteiligung an der Sinnübermittlung zu funktionieren, ist ein bloßes logozentristisches Ideal (vgl. Menke 1995: 39 ff). Nur mit Hilfe dieses Ideals kann die Vorstellung aufrechterhalten werden, die Sprache gäbe das Präsente und seine Bedeutung als ein ihr außersprachlich Gegebenes originalgetreu und wahrhaft wieder. So schreibt Menke: „Die Verpflichtung der Sprache auf den Sinn, auf den hin sie sich durchsichtig zu machen habe, soll das ‚Heilsein' der Wahrheit, deren Identität mit sich selbst, sichern" (Menke 1995: 40).
In seiner Repräsentationsfunktion steht das Zeichen immer lediglich *für* die Präsenz des Bezeichneten, die es re-präsentiert. Die Präsenz des Originals – welche in sich ein Phantasma ist – ist durch das Zeichen niemals einholbar. Das Zeichen verschiebt die Gegenwart vielmehr unaufhaltbar, indem es *für* sie steht und sich an deren Stelle setzt. Im Zeichen selbst ist die Präsenz damit immer abwesend. Demzufolge kann die Bezeichnung nur als ewig scheiternder Versuch gewertet werden, das Gegenwärtige einzuholen (vgl. Menke 1996: 40). Dies ist die

> Problematik des Zeichens und der Schrift. (...) Das Zeichen, so sagt man gewöhnlich, setzt sich an die Stelle der Sache selbst, der gegenwärtigen Sache, wobei ‚Sache' hier sowohl für die Bedeutung als auch für den Referenten gilt. Das Zeichen stellt das Gegenwärtige in seiner Abwesenheit dar. Es nimmt dessen Stelle ein. (...) Das Zeichen wäre also aufgeschobene Gegenwart. (Derrida 1993a: 85)

Die Sprache bzw. das sprachliche Zeichen läßt also entgegen der logozentristischen Annahme nicht vollständig erscheinen, was sie originalgetreu abzubilden vorgibt. Im Signifikationsprozeß wird die Repräsentation vielmehr beständig verfehlt. Insofern ist jegliche Repräsentation unmöglich. Da vor dem Hintergrund des absoluten Textbegriffs Derridas sprachliche und politische Reprä-

sentation strukturell gleichgesetzt sind, trägt die Annahme der Unmöglichkeit der Repräsentation eine politische Brisanz in sich. Sie stellt die Legitimation jeglicher Repräsentationspolitiken – auch die der Identitätspolitik – zur Disposition und hinterfragt Grundwerte der Repräsentativen Demokratie.
In der Verfehlung der originalgetreuen repräsentativen Abbildung durch die Sprache liegt die Notwendigkeit der beständigen Wiederholung der Bezeichnung begründet. Sie ist der Versuch, adäquater zu bezeichnen, was sie – aufgrund der Abwesenheit des Referenten – niemals bezeichnen kann. Aus diesem Grunde führt die repetetive Bezeichnung lediglich zur erneuten Verfehlung. Dieses Fehlgehen bildet einen permanenten Initiator, der zur beständigen Wiederholung der Bezeichnungspraxis anreizt. Da die Sprache jenseits des metaphysischen Ursprungsdenkens nicht abbildet, zitiert sie sich in der wiederholten Bezeichnung unaufhörlich selbst: Dies ist das Charakteristikum der Sprache, welches Derrida als Iterabilität bezeichnet.

> (...) es gibt keine gegebene Sprache, oder besser: *es gibt die Sprache* (...) aber eine Sprache *ist* nicht, sie ist gegeben worden, sie muß noch gegeben werden, sie bleibt nur unter der Bedingung, daß sie immer gegeben zu werden bleibt. (Derrida 1997: 38, kursiv im Original)

2.2.2 Unkontrollierbare Identitäten: Das Andere im Selben

Das metaphyische Denken ist immer ein Identitätsdenken (vgl. Kimmerle 1988: 17). Es basiert auf der Grundannahme in sich geschlossener Gegebenheiten, die aufgrund ihres ‚Da-Seins' eine Identität besitzen. Die Identität im Sinne eines ‚mit-sich-identisch-Seins' – des ‚mit-sich-selbst-übereinstimmend-Seins' – ist eine der Grundvoraussetzungen im Denken über das ‚Sein'.
Diese Erfordernis erklärt sich aus der binär hierarchisch strukturierten westlichen Logik, die unserem Denken zugrunde liegt. Um einen Begriff identifizieren zu können, müssen ‚wir' diesen von seinem eindeutig verschiedenen Gegenteil abgrenzen. Dementsprechend bilden ‚wir' ständig Oppositionen wie

Identität	-	Differenz
Kultur	-	Natur
Intelligibilität	-	Sinnlichkeit
Philosophie	-	Empirie

Männlich	-	Weiblich
Wahrheit	-	Irrtum
Subjekt	-	Objekt
Original	-	Kopie
Gegenwart	-	Abwesenheit
Innen	-	Außen

In diesen Oppositionen – die die klassischen hierarchischen Gegensätze der abendländischen Philosophie darstellen – wird immer dem ersten der beiden Termini Priorität zugesprochen. Die rechte Seite dieser Beziehung steht für das, was es zu verdrängen gilt, um die Identität im Gegensatz zur Differenz, die Intelligibilität im Gegensatz zum Sinnlichen, das ‚Männliche' im Gegensatz zum ‚Weiblichen' usf. aufrechtzuerhalten (vgl. Menke 1995: 39). Hierin wird deutlich, worauf feministische TheoretikerInnen hingewiesen haben: Die Logik der Sprache geht mit patriarchalen Strukturen Hand in Hand, denn das ‚Weibliche' wird im allgemeinen mit dem untergeordneten Terminus dieser Oppositionen identifiziert. Sinnlichkeit, Natürlichkeit, Körperlichkeit gelten als ‚weibliche' Seiten, während das ‚Männliche' mit dem Subjektstatus, der Kultur, dem Geist und der Wahrheit identifiziert wird. Hier tritt der Phallogozentrismus[10], mit dem sich das metaphysische und das logozentristische Denken verbinden, zutage. Die hierarchisch binäre Logik der Oppositionen bietet aufgrund ihrer Struktur vielfältigen Zentrismen die Möglichkeit, Ausgrenzungen zu legitimieren[11].

Für den hierarchisch übergeordneten Terminus gilt der Untergeordnete als das konstitutive Außen. Dieses Außen ist jedoch ein Außen *in* der Sprache und somit im Bereich des Diskursiven. Es sichert die Grenzen der metaphysisch gesetzten, mit sich identischen Entität. „Die Opposi-tion zwischen Drinnen und Draußen ist konstitutiv für die Logik der Identität" (Kofman 1987: 16).

---

[10] Derrida ist der einzige männliche dekonstruktivistische Theoretiker, der auf patriarchale Strukturen in der Sprache explizit hinweist und den Phallogozentrismus benennt (vgl. Wagner 1998: 32). Zur Thematisierung des Phallogozentrismus bei Derrida vgl. Kofman 1987, insbes. S. 20 zur feministischen Auseinandersetzung mit Derridas Phallogozentrismuskritik vgl. Grosz 1995, insbes. S. 61ff. Eine kritische Analyse zum Verhältnis von Derrida zum Phallogozentrismus liefert Klinger 1994.

[11] Insofern ist die binäre Logik der Sprache nicht nur phallogozentristisch, sondern trägt zugleich auch ein eurozentristisches (auf die Werte der abendländischen Kultur zentriertes), ethnozentristisches oder rassistisches Potential in sich. All dies Zentrismen haken sich in die hierarchische binäre Struktur ein, indem sie ein Prinzip zentral setzen und als hierarchisch übergeordneten Wertmaßstab zu etablieren suchen.

Dieses Außen wird genau in dem Moment sprachlich hervorgebracht, in dem ein Begriff benannt wird. Denn seine Bedeutung und Identität erlangt ein Begriff nur in der Abgrenzung zu seinem Gegensätzlichen. Das Gegensätzliche ist das Nicht-Identische, auf das in der textlichen Produktion immer verwiesen wird, welches aber verschwiegen und unterdrückt bleiben muß, um das illusorische Ideal der Identität – verstanden als in sich geschlossene kohärente Einheit – aufrechtzuerhalten (vgl. Wartenpfuhl 1996: 197). Die Notwendigkeit eines konstitutiven Außens hat zur Folge, daß die Benennung einer Identität immer etwas mit hervorbringt, was über sie selbst hinausgeht und was sie nicht kontrollieren kann. Diesen unkontrollierbaren Bedeutungsüberschuß bezeichnet Derrida als ‚supplément'.
In dieser Angewiesenheit auf sein Außen kann ein Begriff wie z.B. der der Identität nicht mehr als rein mit sich identisch verstanden werden, denn er erhält seine Bedeutung nicht mehr aus sich selbst heraus, sondern aus seiner Differenz, aus dem von ihm Verschiedenen. Diese Differenz unterläuft den mit sich identischen Begriff. Die Abgeschlossenheit und Kohärenz von Identität erweisen sich als unerfüllbare Ideale.
Da die Identität – der mit sich identische Begriff – bereits immer von der Differenz, dem Anderen unterlaufen ist, ist das Andere immer schon Teil des Selben (Menke 1995: 39). Die Präsenz trägt in sich die Spur der Abwesenheit, die Identität in sich die Spur der Differenz, das Original in sich die Spur der Kopie usf.. Diesen Verweisungszusammenhang, in dem Einheiten niemals rein mit sich selbst identisch in Erscheinung treten können, sondern nur als durch ihr Gegenteil verunreinigte, nennt Derrida die ‚différance'. Die ‚différance' ist ein von Derrida eingeführter Neologismus. Er verbildlicht eine lesbare, aber nicht hörbare Verunreinigung und Verschiebung, wie sie im Bezeichnungsprozeß ständig stattfindet, indem er ein (fälschliches) ‚a' an die Stelle des zweiten ‚e' des Wortes ‚différence' treten läßt. Gelegentlich wird ‚différance' im Deutschen als Differänz übersetzt (z.B. in Derrida 1995)[12].

---

[12] Derrida bezieht sich mit dieser Wortwahl auf die verschiedenen Bedeutungen von différence, die zum einen eine zeitliche Komponente des Aufschiebens und der Verzögerung in sich tragen, zum anderen die räumlichen Komponenten von Aufschub, Umweg, nicht identisch sein, nicht anwesend sein transportieren. Mit der Endung -ance, die durch die verschobene Schreibweise entsteht, kommt gleichzeitig die mediale Form der ‚différance' zwischen Aktivität (des Aufschiebens) und Passivität (des ‚Anders-Seins') zum Ausdruck, eine unentschiedene Position wie sie etwa die Wörter ‚moveance' (Beweglichkeit) oder ‚résonance' (Resonanz) im Französischen einnehmen (vgl. Kimmerle 1988: 83). Die ‚différance' ist „weder ein Wort noch ein Begriff, sondern eine vorläufige graphische Spur, die ihrer Wirkung zeitigen muß. Es handelt sich also um eine strategische Unternehmung." (ebd.).

Die Anerkennung der ‚différance', als „die Bejahung der differentiellen Kontamination unterläuft die Ordnung der polaren und hierarchischen Oppositionen und de-zentriert: stürzt *die Logik der Identität*" (Menke 1995: 41, kursiv im Original).

2.3 Das Verhältnis von Subjekt und Handeln: Zur unendlichen Hervorbringung unvorhersehbarer Differenzen

Nach Derrida ist das handelnde Subjekt als AgentIn eine sprachlich hervorgebrachte grammatikalische Position. Diese Auffassung ist jedoch nicht mit einer Abschaffung von Subjekt und Handlungsfähigkeit gleichzusetzen. Entgegen vielfältiger Kritik – die in Derrida einen Nihilisten sieht – und in Abgrenzung zu Heidegger (vgl. Rüdiger 1996), betont Derrida wiederholt, daß die Dekonstruktion nicht mit einer Destruktion gleichzusetzen ist (vgl. Derrida 1993b: 118). Vielmehr ist die Handlungsfähigkeit eine sprachlich hervorgebrachte Möglichkeit, die – und dies ist für Derrida von zentraler Bedeutung – nicht mehr in einem Subjekt anzusiedeln ist, welches autonom über den Diskurs verfügen könnte.
In Derridas Diskursverständnis wird die Handlung selbst zu einem sprachlichen Akt, zu einer „enunciative agency" (Bhabha 1992: 57), einer aussprechenden Handlungsfähigkeit, die alle Konsequenzen der sprachlichen Bezeichnungspraxis in sich trägt. Damit ist die Position des Subjekts jenseits von Autonomie und Determiniertheit eine ambivalente zwischen Aktivität und Passivität. Denn das Handeln des Subjekts als sprachlicher Akt wird immer unkontrollierbare Effekte nach sich ziehen. Indem es differentielle Verweisungen eröffnet, bringt es unvorhersehbare Bedeutungsüberschüsse (‚suppléments') ins Spiel. Die aktive Urheberposition des Subjekts wird dadurch beständig unterlaufen, da es keine Möglichkeit gibt, die Konsequenzen des Handelns festzusetzen und zu kontrollieren. So kann z.B. Derrida als Subjekt über die Dekonstruktion schreiben, aber nicht die Eigendynamik des Textes absehen, die Bedeutungen produziert, die seine Autorenschaft überschreiten oder unterlaufen. Einmal verfaßt, eröffnet sich mit dem Text das permanente Spiel der Verweisungen. In diesem Sinne steht hinter der Dekonstruktion kein Subjekt, denn der Text dekonstruiert sich aufgrund der sprachlichen Notwendigkeit der textlich immanenten Überschußproduktion beständig selbst.

> Deconstruction takes place, it is an event that does not await the deliberation, consciousness, or organization of a subject (...). *It deconstructs it-self. It can be deconstructed. (Ca ce déconstruit).* The ‚it' is not here an impersonal thing that is opposed to some egological subjectivity. *It is in deconstruction.* (Derrida 1991a: 274, kursiv im Original)

Derrida lehnt zunächst den Gebrauch der Dekonstruktion als Methode oder als Kritik ab, da dies zum einen ein Subjekt, welches sich ihrer bedient, voraussetzt und zum anderen auf universelle übertragbare Regeln abzielt (vgl. Derrida 1991a: 273f). Doch als kontextualisierte Methode mit relativen Regeln sieht er die Dekonstruktion sehr wohl einsetzbar (vgl. Wartenpfuhl 1996: 195, Wagner 1998: 24f). In solch einer kontextabhängigen Anwendung fungiert die Dekonstruktion als eine Art des Gegenlesens, das die verschwiegenen Voraussetzungen und Verweisungen – die ‚blinden Flecken' – aufzeigt, die der Text(re)produktion immanent sind. Gleichzeitig muß aber auch dieses Gegenlesen als eine Textproduktion verstanden werden, die ihrerseits Gegenstand der Dekonstruktion ist. So kann die Dekonstruktion als „ein Vollzug, eine doppelte Geste des Lesens, das schreibt" (Menke 1996: 50) verstanden werden. Die Dekonstruktion selbst vermag dabei die ständige Bewegung des Spiels der Verweisungen nicht aufzuhalten, kann diese nicht überschreiten, sondern ist vielmehr selbst ein immanentes Moment in diesen Verweisungen.

Insofern ist die Dekonstruktion niemals auf eine Finalität hin ausgerichtet, an deren Ende eine unumstößliche Erkenntnis oder eine Wahrheit zu finden wäre (vgl. Elam 1994: 72). Dies schließt den Einsatz der Dekonstruktion als zielgerichtetes Handeln aus[13].

Derrida stellt sich konsequent seiner streng immanenten Sichtweise und geht davon aus, daß die Dekonstruktion metaphysisches Denken nicht überschreiten und sich auch nicht jenseits von Oppositionen artikulieren könne (vgl. Derrida 1997: 41). Die Anerkennung der immanenten sprachlichen Strukturen biete jedoch die Möglichkeit, die unumgäng-lichen konstitutiven Ausschlüsse zu thematisieren, die mit jeder Bedeutungsproduktion und jeder Setzung von Identitäten einher ginge.

---

[13] Dies schließt einen Einsatz der Dekonstruktion vor dem Hintergrund einer bestimmten Intention (z.B. des Aufspürens von impliziten Aussagen) nicht aus. Jedoch kann mit ihrem Einsatz nicht davon ausgegangen werden, daß sich ein vorformuliertes Ziel – zielgerichtet - erreichen ließe.

> Andersheit zu denken heißt dann nicht, dem Identischen dessen komplementäres Gegenteil entgegenzusetzen, sondern das angeblich Mit-Sich-Identische zu lesen in seiner Angewiesenheit auf – und seine *Infiziertheit* durch sein angeblich polares Gegenteil. (Menke 1995: 41, kursiv im Original)

Wird das Mit-Sich-Identische in seiner Inkohärenz und Abhängigkeit zum konstitutiven ‚Anderen' zum Ausgangspunkt der Betrachtung gemacht, anstelle einer Identität, die auf Homogenität und Kohärenz ausgerichtet ist, würden soziale Marginalisierungen als strukturelle Phänomene sichtbar werden (vgl. Spivak 1995: 385ff). Darin liegt die Fruchtbarkeit der Derridaschen Dekonstruktion auch für feministische Ansätze.

*

In der Dezentrierung des Subjekts durch Foucault und Derrida wird das Subjekt nicht mehr als Ausgangspunkt seiner selbst verstanden. Als diskursiver Effekt ist es konstitutiv in diejenigen Strukturen verschränkt, aus denen es hervorgeht (Wagner 1998: 39). In seinem kontingenten Charakter stellt das Subjekt immer eine strukturimmanente Position dar. Nach Foucault ist das Subjekt gesellschaftlich formiert und bildet einen Macht/Wissenskomplex. Es befindet sich unabdingbar im Feld der Macht. Derrida entsprechend erscheint das Subjekt als sprachlich hervorgebrachte Einheit. Da die Erkenntnisfähigkeit des Subjekts sprachlich strukturiert ist, kann es den Immanenzraum der Sprache nicht überschreiten. Beide Ansätze räumen dem Subjekt eine Handlungsfähigkeit ein, die sich in Abhängigkeit zum konstitutiven Charakter des Subjekts als ein ambivalentes Potential jenseits von Autonomie und Determina-tion herausbildet.
Im Vergleich beider Theoretiker wird deutlich, daß Foucaults Fokus auf die Verfahren der Subjektbildung an gesellschaftlichen Verhältnissen und deren Geschichte orientiert ist. Derrida hingegen bleibt sehr formal auf den einzelnen Text und dessen Interpretation konzentriert. „Er ist ein der semantischen Einzelheit und exemplarischen Vertiefung zugewandter Leser" (Gehring 1994: 110). Der Aspekt des Sozialen erlangt bei ihm wenig Aufmerksamkeit.[14]

---

[14] Die unterschiedliche Herangehensweise beider Theoretiker spiegelt sich in einer disziplinären Verteilung ihrer feministischen Rezeptionen wieder. Während Foucault vorwiegend im sozialwissenschaftlichen Feminismus diskutiert wird, ist der Rekurs auf Derrida in den

Aus feministischer Perspektive sind diese beiden Theorien aus verschiedenen Gründen interessant. Mit Foucaults und Derridas Haltung geht eine grundlegende Kritik an den Voraussetzungen moderner Epistemologien einher. Scheinbar evidente Einheiten von Wissen, Wahrheit, Individualität, Identität und Sexualität werden in ihrer Kritik zu variablen, strukturell bedingten und geschichtlich formierten Konzepten. Die Entlarvung von Wissen, Wahrheit und Objektivität als kontingente Größen trifft sich mit feministischen Kritiken an etablierten Wissenschaften. Feministische Wissenschaftskritik[15] hat beständig auf die androzentristischen Verzerrungen in diesen Wissenschaften hingewiesen und die Bedingungen von Wissensproduktionen thematisiert. Objektivität und Wertneutralität hegemonialer Wissenschaft sind auf diese Weise in Frage gestellt worden. Die Wissenschaft selbst erscheint in der Konsequenz als eine Modalität, in der Wissen geschaffen und nicht entdeckt wird. Diese Bildung von Wahrheit stellt aus feministischer Sicht einen machtvollen Prozeß dar, mit dem patriarchale Herrschaftsverhältnisse verfestigt werden.
Foucaults Entwurf der mikrophysischen und relationalen Macht bietet eine Möglichkeit, feministische Theoretisierungen über die Reproduk-tion von patriarchalen Herrschaftsverhältnissen auf der Ebene von (weiblichen) Körpern, Geschlecht und in den vermeintlich intimsten Bereichen der Sexualität konzeptionell weiterzuführen. Nach Weedon bereitet Foucaults Machtkonzept zudem einen Weg, zu verstehen, warum viele Frauen asymmetrische Geschlechterverhältnisse tolerieren, anstatt sich gegen ihre Unterordnung in der Geschlechterhierarchie aufzulehnen (vgl. Weedon 1990: 24).
Ein weiterer Vorteil beider auf Immanenz und Kontingenz ausgerichteten Ansätze liegt darin, daß diskursive Rahmenbedingungen zum Gegenstand der Analysen werden. Derridas Theoretisierung der Differenzbildung innerhalb der Sprache zeigt die gegenseitige Bedingtheit von Eingeschlossenem und Ausgeschlossenem, von Identität und Differenz und von Dominanten und Diskriminierten auf. Damit wird ein lineares Kausalitätsdenken durchbrochen, wonach eine Ursache, die einer Wirkung vorausgeht, ausfindig gemacht werden könnte. Ursache und Wirkung können nicht mehr als getrennte oppositionelle Einheiten verstanden werden (vgl. Culler 1988: 98). Aus diesem Blickwinkel betrachtet sind politische Strategien, die Diskriminierungen und Marginalisierungen durch die Beseitigung einer vermeintlichen Ursache abzuschaffen versuchen,

---

Literatur – und Kulturwissenschaften stärker. Erst allmählich findet Derridas Theorie Eingang in die Sozialwissenschaften.

15 Einen Überblick über feministische Wissenschaftskritik und ihre Strömungen liefert Harding (1991).

wenig erfolgversprechend, wenn die strukturellen diskursiven Rahmenbedingungen, in denen sie reproduziert werden, nicht in Betracht gezogen werden.

Dies stellt feministische Theoriebildungen und Praxen vor eine doppelte Herausforderung. Zum einen werden neue Perspektiven auf die Wirkungsweisen und strukturellen Verankerungen patriarchaler Unterdrückungen von Frauen eröffnet. Andererseits wird eine Eingebundenheit feministischer Emanzipationspolitiken in jene Strukturen deutlich, die überwunden werden sollen.

Das in den beiden vorangehenden Kapiteln dargestellte poststruktu-ralistisch-dekonstruktivistische Theoriegerüst bietet eine Reihe von Anknüpfungspunkten und Einsichten, die dazu dienen können, feministische Theoriebildung für ihre politischen und konzeptionellen Implika-tionen zu sensibilisieren und sie selbstkritischer zu machen (vgl. Grosz 1995: 61).

Die von Foucault und Derrida entwickelten theoretischen Prämissen werden von Feministinnen jedoch nicht nur begrüßt. Die immanente Positionierung des Subjekts – bei gleichzeitiger Dekonstruktion der Identität – gefährde, so die Befürchtung vieler Feministinnen, die politische Artikulationsfähigkeit von Frauen. Im anschließenden Abschnitt stelle ich feministische Kritik dar, die sich gegen die Dezentrierung der Subjekte und der Identität wendet.

3. *Auseinandersetzungen um das Subjekt des Feminismus*

Geht man vom Wortstamm des Begriffs Feminismus aus, kann als ‚Subjekt des Feminismus' die Kategorie ‚Frau' oder ‚Frauen' angesehen werden. Sie bildet den Ausgangspunkt einer feministischen Perspektive, die sich gegen androzentristische Denk- und Handlungsweisen wendet, in der ‚das Weibliche' oder ‚die Frau' verdrängt oder untergeordnet werden.

Trotz oder gerade wegen dieser scheinbar eindeutigen Definition, stößt eine Betrachtung der feministischen Auseinandersetzungen um das ‚Subjekt des Feminismus' auf eine gravierende Problematik: Es besteht kaum Eindeutigkeit darüber, mit welchem Subjektkonzept operiert wird, noch was den eigentlichen Gegenstand – das Objekt – des Feminismus ausmacht. Der Feminismus selbst bildet vielmehr ein Feld der Auseinandersetzungen um diese Konzepte.

Jede Definition feministischer Anliegen, muß deshalb historisch, geographisch und kontextuell eingebunden und als vorläufig verstanden werden. Um die Bedeutung des Subjektkonzepts und mit ihm das Verständnis von politischer Handlungsfähigkeit für den Feminismus herauszustellen, erweist sich zunächst eine sehr allgemein gehaltene Bestimmung feministischer Zielsetzungen als hilfreich. Die Politologin Karola Maltry sieht als primäres Ziel des Feminismus die „Beseitigung jeglich-er Unterdrückung von Frauen, die aus ihrer Geschlechtszugehörigkeit resultiert", wobei sie den folgenden Hinweis hinzufügt:

> Viele Feministinnen gehen über die (...) enge Definition feministischer Zielsetzung hinaus und ergänzen sie um die Forderung nach der Überwindung aller Formen von Ungleichheit, Herrschaft und Unterdrückung (...). (Maltry 1998: 300)

Feminismus ist demnach als eine transformative Politik zu verstehen, die sich gegen Benachteiligungen aufgrund von (Geschlechter-)Hierarchien und den mit ihnen integral verflochtenen vielfältigen strukturellen Unterdrückungen wendet. Dieser politischen Zielsetzung entsprechend, sind politische Handlungs- und Entscheidungsfähigkeit, von zentraler Bedeutung. Politisch erfolgreiches Handeln ist jenseits dieser Fähigkeiten nicht denkbar. Aus diesem Grunde ist für Feministinnen eine Auseinandersetzung mit denjenigen Konzepten, die an diese Fähigkeiten gekoppelt sind, unumgänglich: Autonomie und Transzendenz bilden – auch wenn sie hinterfragt werden – ein zentraler Bezugspunkt in den Auseinandersetzungen um das feministische Subjekt.

Die poststrukturalistischen und dekonstruktivistischen Dezentrierungen des Subjekts – wie ich sie am Beispiel von Foucault und Derrida dargestellt habe – sind in der feministischen Theoriebildung umstritten. Vor dem Hintergrund der Vielfalt feministischer Strömungen[1] kann weder von einer einheitlichen feministischen Position zum Poststrukturalismus ausgegangen werden, noch lassen sich die Argumentationen von Geg-nerinnen und Befürworterinnen einfach entlang der Linie von Verteidigung oder Ablehnung des cartesianischen Subjektverständnisses polarisieren.

Durch zahlreiche feministische Betrachtungen gesellschaftlicher Verhältnisse ist offensichtlich geworden, daß das aufklärerische Subjektkonzept der Lebensrealität vieler Frauen nicht entspricht. Mit dem „vernünftigen Menschen" wurde „das bürgerliche Subjekt ‚Weißer' Hautfarbe und männlichen Geschlechts zum ‚Maßstab' für den Menschen überhaupt" (Johnson 1994: 17) erhoben. Frauen wird auf unterschiedliche und vielfältige Weise der Zugang zu Positionen, die sich mit dem Subjektstatus verbinden, verwehrt. Die Universalität des Ideals der Autonomie stellt aus der Sicht von Feministinnen lediglich eine selbst*herr*liche Idealisierung ‚Weißer' ‚männlicher' Subjektivität dar, in der ‚Frauen' nicht vorgesehen sind. Diese Kritik führt zu unterschiedlichen theoretischen Konsequenzen innerhalb des Feminismus. Die US-amerikanische Politologin Nancy Fraser faßt drei der daraus resultierenden theoretischen Perspektiven zusammen:

> First, there is the familiar but still very important humanist universalistic position, which seeks recognition of women's full humanity. Second, there is the difference approach, which seeks recognition of women's distinctiveness. Then you get reactions against that as too marginalising and reifying insofar as it washes our important kinds of difference. (Fraser 1999: 104)

---

[1] ‚Der Feminismus' ist nicht als ein monolithisches Konzept zu verstehen. Vielmehr ist er durch vielfältige Differenzen gekennzeichnet (vgl. de Lauretis 1993). Deshalb ist es oftmals treffender, den Begriff im Plural zu verwenden, vor allem wenn damit Unterschiede zwischen ‚Frauen' sichtbar gemacht werden sollen. Ich werde im Folgenden den Begriff sowohl im Singular als auch im Plural verwenden. Dies geschieht zum einen in Bezug auf Argumentationen zitierter TheoretikerInnen, zum anderen, um die Differenz auch in der Einheit und nicht nur im Plural zu betonen. Selbst wenn es voneinander zu unterscheidende Feminismen gibt, ist ein Feminismus in sich nie eine eindeutig abzugrenzende kohärente fixierte Einheit, sondern immer ein in sich differentes, prozeßhaftes Konzept.

Feministinnen, die in ihrem Subjektverständnis mit der von Fraser benannten humanistischen Position übereinstimmen, fordern, dem Subjektstatus seinen androzentristischen Charakter zu nehmen. Dies sei zu erreichen, indem Frauen der Zugang zu Selbstbestimmung und Unabhängigkeit vollständig und gleichberechtigt ermöglicht werde. Nur auf diese Weise könnten Frauen eine politisch einflußreiche Handlungsfähigkeit erlangen. Handlungsfähigkeit ist im Verständnis dieser Feministinnen untrennbar an die Möglichkeit der Selbstbestimmung und damit an den Status des autonomen Subjekts gebunden[2]. Diese Feministinnen stehen der poststrukturalistischen Dezentrierung des Subjekts sehr kritisch gegenüber und betrachten diese als anti-humanistisch und entpolitisierend.

Für Vertreterinnen des Differenzansatzes, wie Luce Irigaray (1979) oder auch die italienische Philosophinnen-Gruppe Diotima (1989), ist es unmöglich, Frauen in das androzentristische Subjektkonzept mit einzubeziehen. In diesem Konzept könnten ‚Frauen' immer nur als das ‚Andere' in Relation zum ‚Mann' in Erscheinung treten und niemals als eigenständiges Subjekt (vgl. Kahlert 1996). Eine Gleichberechtigung von Frauen könnte es nur geben, wenn ihre Differenz als eigenständige Position jenseits eines ‚männlichen Subjektstatus' in einer ‚weiblichen symbolischen Ordnung' anerkannt werde (vgl. Muraro 1993).

In den beiden vorangehenden Positionen wird meiner Ansicht nach der Subjektstatus als ein Garant für Selbstbestimmtheit, Integrität und poli-tische Handlungfähigkeit vorausgesetzt. Während der erste Ansatz auf eine Erweiterung der Subjektposition zielt, stellt der zweite das weibliche Subjekt in den Kontext einer ‚anderen' Ordnung. Damit einhergehend ist beiden Ansätzen gemeinsam, daß sie die Kategorie ‚Frau' als Subjekt des Feminismus verstehen, in deren Namen politische Forderungen gestellt werden können und müssen. Die Aufgabe des Anspruchs auf die Kategorie ‚Frau' führe dementsprechend zur politischen Artikulations- und Handlungsunfähigkeit von Frauen.

Diese Haltung wird von Feministinnen kritisiert, die sich aus verschiedenen Gründen von der in diesem feministischen Diskurs verwendeten Kategorie ‚Frau' nicht berücksichtigt sehen. Der alleinige Fokus auf ‚die Frau' als Subjekt des Feminismus würde Differenzen unter Frauen in den Bereich des Nicht-Wahrnehmbaren verdrängen. Mit solch einem unreflektierten Einsatz der Kategorie ‚Frau' gehe die Marginalisierung unzähliger Frauen einher. Damit würde

---

[2] Diese Autonomie ist – je nach theoretischem Hintergrund einzelner Feministinnen als relativierte Unabhängigkeit und Selbstbestimmtheit des Subjekts zu verstehen.

diesen Frauen die Möglichkeit der politischen Artikulations- und Handlungsfähigkeit im Feminismus verwehrt werden.
In den folgenden Abschnitten werde ich zunächst die Kritik an poststrukturalistischen Dezentrierungen des Subjekts von Feministinnen darstellen, die eine humanistische Position vertreten[3]. Daran anschließend gehe ich auf die innerfeministische Debatte um die Differenzen unter Frauen ein. Ich halte diese Diskussion für bedeutsam, da sie einen wesentlichen Beitrag zur Veränderung des Denkens über Marginalisierungen im Feminismus leistet und die Einheit des Subjekts ‚Frau' wesentlich erschüttert. Aus diesem Grunde gehört ihre Darstellung unausweichlich in die Auseinandersetzungen um ‚das Subjekt des Feminismus'. Die Hinterfragung der einheitsstiftenden Kategorie ‚Frau', die mit diesen Debatten einher geht, hat die Rezeption und Modifikationen poststrukturalistischer Ansätze im Feminismus begünstigt: „The issue of difference has brought about what could be called the postmodern shift within feminism." (Curti: 1991: 140).

[3] Von der Darstellung des Verhältnisses von Differenzfeministinnen zum Poststrukturalismus und zur Dekonstruktion nehme ich Abstand, da die Rezeption dieser Ansätze zu unterschiedlichen und gegensätzlichen Interpretationen darüber gelangt, inwieweit diese theoretische Richtung mit poststrukturalistischen Ansätzen in Verbindung gebracht werden kann. Die Darstellung dieser Rezeption würde den Rahmen dieser Arbeit sprengen. Zu einer ausführlichen Darstellung des Verhältnisses von Differenzfeminismus und Dekonstruktion vgl. Kahlert 1996.

3.1 Verteidigung des feministischen Subjekts: feministische Kritik an Foucault und Derrida

> *At best (...) postmodernist theories criticizes Enlightenment assumptions without putting anything in their place. And at worst they recapitulate the effects of Enlightenment theories that deny the dominated the right to participate in defining the terms of interaction. (Hartsock 1996: 260)*

Die von männlichen Theoretikern wie Derrida und Foucault formulierten poststrukturalistischen Ansätze sind weitestgehend blind gegenüber der Problematik der Geschlechterdifferenz. Aus diesem Grund stehen einige TheoretikerInnen diesen Ansätzen sehr kritisch gegenüber. Sie sehen hinter poststrukturalistischen oder sogenannten postmodernen Positionen herrschaftserhaltende patriarchale Strategien, die mit ihrer Kritik am Subjekt feministische Repräsentationspolitik unmöglich machen.

> (...) mainstream postmodernist theory (Derrida, Lyotard, Rorty, Foucault) has been remarkably blind and insensitive to questions of gender in it's own purportedly politicized rereading of history, politics, and culture. And finally (...) the postmodernist project, if seriously adopted by feminists, would make any semblance of feminist politics impossible. To the extent that feminist politics is bound up with specific constituency or ‚subject', namely, women, the postmodernist prohibition against subject-centered inquiry and theory undermines the legitimacy of a broad-based organized movement dedicated to articulation and implementing the goals of such a constituency. (Di Stefano zit. nach Harding 1990: 86)

Aus dieser feministischen Perspektive ist der Rekurs auf Frauen unumgänglicher Ausgangspunkt für eine Politik gegen sexistische Diskriminierungen. Viele Feministinnen wenden sich aus diesem Grunde kritisch gegen die poststrukturalistische Subjektkritik und beanstanden, daß das Subjekt gerade in dem historischen Moment verabschiedet wird, da Frauen, Angehörige nichtwestlicher Kulturen und verschiedene Randgruppen „begonnen haben, ihr Schweigen zu brechen, um sich selbst als Subjekt einzuklagen“ (Raab 1998:

60). Theoretikerinnen wie Hartsock (1996) und Braidotti (1989) vermuten hinter der Dezentrierung des Subjekts eine eurozentristische Strategie des patriarchalen Machterhalts.

> The truth of the matter is: one cannot deconstruct a subjectivity one has never been fully granted (...) In order to announce the death of the subject[4] one must first have gained the right to speak as one; in order to demystify metadiscourse one must first gain access to a place of enunciation. (Braidotti 1989: 237)

Aus diesem Grunde sei es unerläßlich, die sozialen Positionen derer, die die Dezentrierungen des Subjekts betreiben, zu thematisieren. Nancy Hartsock zufolge stützen postmoderne Theoretiker ihre Sprecherposition auf patriarchal strukturierte aufklärerische Privilegierungssysteme. Aus diesem Grunde würden ihre Ansätze aufklärerische Ausgrenzungen nicht überwinden und aus feministischer Sicht keine Alternative zu modernen patriarchalen Theoriegebäuden darstellen.

> The work of postmodernist theorists as (...) Michel Foucault represent less an alternative to the overconfident theories of the Enlightenment than a parasitic continuation of its preoccupations. Postmodernist theories represent the situated knowledges (Haraway 1988) of a particular social group - European-American, masculine, and racially as well as economically privileged. (...) Far from being a resource for the development of new and more inclusive social movements, postmodernist theories represent and express the voices of the powerful. (Hartsock 1996, 257)

---

[4] Die von Kritikerinnen aufgestellte These von der Abschaffung oder gar vom ‚Tode des Subjekts' in der poststrukturalistischen Theorie stellt nach Raab eine stark vereinfachende Sichtweise auf die Dezentrierung des Subjekts dar (vgl. Raab 1998:60). Wie aus meinen Ausführungen zu Foucaults und Derridas Subjektverständnis deutlich wird, werden lediglich die Grundannahmen über die metaphysische Gegebenheit des Subjekts erschüttert, abgeschafft wird es jedoch nicht.

3.1.1 Immanenz und politische Handlungs(un)fähigkeit

Zahlreiche Feministinnen sehen in der streng immanenten Sichtweise des Poststrukturalismus die Gefahr, daß sich „Konzepte wie Intentionalität, Verantwortlichkeit, Selbstreflexivität und Autonomie" auflösten (Benhabib 1994: 13). Diese Konzepte verlangten eine subjektive Distanz zu gesellschaftlichen Verhältnissen, die nach poststrukturalistischer Auffassung nicht möglich sei. Aus Benhabibs Perspektive kann nur eine Position außerhalb von abzulehnenden Strukturen zu einem kritischen und objektiven Abstand führen, der Selbstreflexivität erlaube und somit Handlungsfähigkeit mit dem Potential zur Veränderung ausstatte. Demzufolge scheint für Benhabib mit der Dezentrierung des Subjekts und seiner Positionierung in der immanenten Welt der Sprache das Projekt der Emanzipation gefährdet. In der Immanenz, die keinen Blick *auf* soziale Verhältnisse erlaubt, sieht sie die transformative Handlungsfähigkeit des Subjekts aufgelöst.

> Das Subjekt, das nur noch eine ‚weitere Position in der Sprache' ist, vermag nicht mehr, jene Distanz zwischen sich selbst und der Bezeichnungskette, in die es eingebettet ist, zu meistern und zu schaffen, die es ihm ermöglichte, auf die Bezeichnungen zu reflektieren und sie kreativ zu verändern. (Benhabib 1994: 13)

Um einen Wandel von ausgrenzenden Strukturen zu erreichen, ist es demnach notwendig, politische Ziele zu formulieren und einen normativen Standpunkt zu beziehen. Ein weitverbreiteter Vorwurf an poststrukturalistischen Ansätzen richtet sich gegen ein theorie- und philosophiezentriertes Vorgehen, in dem Normen als Universalismen zurückgewiesen werden und in ihrer Relevanz verkannt würden. Aufgrund dieses Vorgehens wären poststrukturalistische Ansätze unpolitisch und eigneten sich nicht als Referenztheorien für die politischen Anliegen des Feminismus. Normative Forderungen, wie die nach Gerechtigkeit und Gleichberechtigung, könnten von Feministinnen nicht einfach als unzulässige Universalismen verabschiedet werden (vgl. Hartsock 1996: 261ff).

Insbesondere an Derrida richtet sich die Kritik, daß seine Vorgehensweise „both elitist and unrelated to power struggles" sei, „that function in more mundane and everyday terms" (ebd.). Demnach sei Derridas Position „to textually bound, it is too enclosed within language, it is hermetically sealed from the real world and real politics" (ebd.). Poststruktu-ralistische oder auch postmoderne theoretische Ansätze seien insgesamt mehr auf philosophische Fragestellungen, denn auf ein praktisches politisches Engagement hin ausgerichtet. Brooks weist darauf hin, daß:

> within postmodern theoretical thinking primacy is given to theoretical issues determined by the contemporary status of philosophy rather than by social criticism and political practices and engagement. (Brooks 1997: 37)

3.1.2 Kritik an Foucaults Machtkonzept

Foucaults Machtverständnis ist Gegenstand einer breiten feministischen Kritik. Fraser weist darauf hin, daß Foucaults Machtkonzept undifferenziert gegenüber unterschiedlichen Formen von Macht sei (vgl. Fraser 1994: 52f.). Demzufolge böte sich im Rekurs auf Foucaults Machtverständnis keine Möglichkeit, zwischen gutartigen und bösartigen Formen der Macht zu unterscheiden (vgl. Fraser 1994: 32). Dies erweise sich als problematisch, da feministische Projekte darauf ausgerichtet seien, illegitime sexistische Macht, mit der Frauen unterdrückt würden, durch die positive Ermächtigung von Frauen zu bekämpfen.
Aus dieser Beanstandung – wie auch aus den im Folgenden angeführten feministischen Bedenken an Foucaults Machtbegriff – läßt sich meines Erachtens eine implizite Kritik an seiner konzeptionellen Trennung von Macht und Herrschaft herauslesen[5].
Dort, wo Macht in gutartigen oder bösartigen Formen auftritt, nimmt sie nach Foucault bereits eine kristallisierte Form an. Genauso wie verfestig-te Machtungleichgewichte zählt Foucault diese Formen zum Bereich der Herrschaft (vgl. Foucault 1997: 113f). In der Konsequenz schließt Foucault die Existenz von Machtunterschieden, institutionellen Verfestigungen von Macht und machtvollen Gewaltverhältnissen nicht aus. Er bezieht diese aber nicht in sein Modell der relationalen Macht ein. Folglich erscheint Macht in Foucaults Ansatz als eine neutrale Größe. Einer der wenigen expliziten Einwände gegen Foucaults Trennung von Macht und Herrschaft liefert Karola Maltry. Sie stellt heraus, daß

[5] Diese Kritik bleibt meist implizit, da in feministischer Theorie kaum begriffliche Trennungen von Macht und Herrschaft formuliert werden (vgl. Maltry 1998: 299).

> (...) bei Foucault die Macht im Mittelpunkt steht, der Herrschaftsbegriff dagegen kaum noch eine Rolle spielt und die notwendige Spezifizierung von Herrschaftsformen ebensowenig erfolgt. (...) Der fehlende gesamtgesellschaftliche Bezug der poststrukturalistischen Machtanalyse impliziert die Vernachlässigung der strukturellen Herrschaftsbeziehungen und damit des Herrschaftsbegriffes (...). (Maltry 1998: 310)

Da der Gegenstand feministischer Theorie und Praxis nach Maltry das Geschlechterverhältnis als Herrschaftsbeziehung sei, stelle feministische Gesellschaftskritik immer zugleich Macht- und Herrschaftskritik dar (vgl. ebd.: 299). Insofern müsse die Vernachlässigung der integralen Verschränkung beider Größen aus einem feministischen Blickwinkel kritikwürdig erscheinen.
Die Entwicklung eines neutralen Machtkonzeptes, in dem sich jede und jeder gleichermaßen im Feld der Macht bewege, sei Foucault nur möglich, weil er sich in einer ‚männlichen' privilegierten Position befände, die es ihm erlaube, auszublenden, daß sich Macht oft mit Gewalt verbinde. In einer patriarchalen, sexistischen Gesellschaft manifestiere sich diese in sexueller Belästigung, sexuellem Mißbrauch und Vergewaltigung. Diese Erscheinungen blieben in Foucaults Analysen zu Macht und Sexualität unreflektiert (vgl. Woodhull 1988: 169f). Aus der Sicht derjenigen, die von dieser Gewalt betroffen seien, könne die Proklamation der Omnipräsenz einer neutralen Macht, zu der jedes Subjekt in gleicher Relation stehe, lediglich als ein machtvoll durchdrungenes Vorgehen aufgefaßt werden.

> From this viewpoint we find ‚neutrality' is less an essential characteristic of power than it is a method or a mode of power. We find in ‚neutrality' the main technique used by the powerful to cover or justify their use of violence. (Mac Connell & Mac Connell 1993: 204).

Diese Kritik zielt nicht auf die generelle Ablehnung von Foucaults Machtkonzept. Die Konzeptualisierung der Mikrophysik der Macht, die in ihrer kapillaren Beschaffenheit die Gesellschaft bis in ihre tiefsten Bereiche durchdringt, deckt sich in einigen Aspekten mit feministischen Ansichten zur Wirkungsweise und Verteilung von Macht und Herrschaft. So haben – wie bereits in Kapitel 1 erwähnt – Feministinnen in zahlreichen Analysen zu Körpernormen und Sexualität darauf aufmerksam gemacht, daß Macht- und Herrschaftsverhältnisse bis in die intimsten Sphären von Geschlechterrollen und Sexualverhalten hinein wirken[6]. Jedoch bleibt auch hier der Vorwurf, daß Foucault das Verhältnis von Macht zur Gewalt nicht genügend berücksichtige.

> Foucault's discovery of ‚capillary' Power operating throughout the body politics is essential, but it should be accompanied by an understanding of ‚capillary' violence. Power did not leave forceful threat and the actual use of violence behind as it moved to the margins. Wheresoever power is found, violence is sure to be. Wheresoever resistance is encountered, force will be applied. (ebd.: 212)

*

Trotz der Anerkennung vieler Parallelen zwischen Foucaults Analyseobjekten und feministischen Untersuchungsgegenständen und -ergebnissen wird im feministischen Rekurs auf poststrukturalistische und dekonstruktivistische Theorien häufig die Gefahr der unendlichen Fragmentierung der politischen Kraft des Feminismus gesehen. Die von der Literaturwissenschaftlerin Toril Moi geäußerte Befürchtung, daß die feministische Bewegung auf eine Weise dezentriert würde, die sie in ein „heterogeneous movement" verwandle, „in which it will be quite impossible to argue that women under patriarchy constitute an oppressed group, let alone to develop a theory of their liberation" (Moi 1988: 95), gibt ein ständig wiederkehrendes Motiv der feministischen Diskussion um poststrukturalistische Ansätze wieder (vgl. Grimshaw 1993: 51).
Mit der Ablehnung des Entitätsdenkens in der Derridaschen Dekonstruktion, die die permanente Störung der Ganzheit durch ihre Differenz hervorhebt, ist der Feminismus nicht mehr als kohärentes Feld eingrenzbar. Im Zuge dieser Dezentrierung – so die Befürchtung zahlreicher Feministinnen – sei der Feminismus nicht mehr als Einheit definierbar. Damit drohe eine begriffliche Auflösung des Feminismus.
Meines Erachtens ist dem entgegenzuhalten, daß der ‚Feminismus' nie eine kohärente Einheit gewesen ist[7]. Weder ist das Patriarchat in der Regel das einzige

---

[6] Die US-amerikanische Philosophin Susan Bordo weist darauf hin, daß der Körper als „site of disciplinary power" keine poststrukturalistische, sondern eine feministische Entdeckung sei (Bordo 1992: 167).
[7] In der westlichen Frauenbewegung kristallisierten sich von Anbeginn die verschiedensten Richtungen von Feminismen mit unterschiedlichen Forderungen und Zielsetzungen heraus.

Unterdrückungsprinzip, dem Frauen ausgesetzt sind, noch sind Frauen immer nur passive Opfer von Unterdrückung. In verschiedenen sozio-strukturellen Hierarchien beteiligen sich auch Frauen an Ausgrenzungen. Nicht zuletzt aus diesem Grunde ist eine feministische Befreiungsstrategie, die vor dem Hintergrund einer monolithischen Vorstellung vom Patriarchat entwickelt wird, wenig erfolgversprechend. Im folgenden Abschnitt werde ich die politischen Implikationen, die mit der Voraussetzung der Einheitlichkeit und Eingrenzbarkeit des Feminismus und seiner Subjekte einhergehen, betrachten.

Die Auffassungen darüber, was *den* Feminismus ausmachen würde, sind keinesfalls einheitlich gewesen, und die unterschiedlichen Ansätze in sich niemals kohärent (vgl. Annuß 1996: 505). Zu diesen unterschiedlichen Ansätzen zähl(t)en Richtungen wie liberale Feminismen, radikale/ separatistische Feminismen, lesbische Feminismen, sozialistische Feminismen, psychoanalytische Feminismen, Differenzfeminismen u.v.m., die wiederum voneinander nicht eindeutig abzugrenzen sind.

3.2 Erschütterungen des feministischen Subjekts: Differenzen unter Frauen

Die Bilder von ‚Anderen' sagen oft mehr über uns selbst aus als über diejenigen, die beschrieben werden sollen. (Kalpaka 1994: 33)

Im Spannungsverhältnis der Auseinandersetzung um feministische Identitätspolitik spielt die Thematisierung von und der Umgang mit Differenzen unter Frauen eine wesentliche Rolle. Dem Thema der ‚Differenzen unter Frauen' wurde lange Zeit keine Aufmerksamkeit geschenkt (vgl. Lutz 1993: 138). Erst mit der Kritik zahlreicher – von der ‚Weißen' deutschen Frauenbewegung ausgeblendeter Frauen – wurde die singuläre und homogene Kategorie ‚die Frau' sowie ‚die weibliche Identität' und das darauf aufbauende politische Paradigma ‚Wir Frauen' in Frage gestellt (vgl. Hess/Lindner 1997: 44).
Die feministische Problematisierung der Differenzen unter Frauen ist durch unterschiedliche Haltungen und Selbstverständnisse geprägt. Wie im Eingangszitat von Annita Kalpaka anklingt, spiegelt sich in der Art und Weise, wie mit diesen Differenzen durch Feministinnen umgegangen wird, in erster Linie die Positionierung der SprecherInnensubjekte wieder. Das Anliegen dieses Abschnitts besteht darin, aufzuzeigen, in welcher Weise Differenzen unter Frauen thematisiert werden und wie diese (Nicht-)Thematisierung mit soziokulturellen Verortungen der-jenigen Feministinnen verknüpft ist, die die Rede über ‚die Frau' maßgeblich beeinflußt haben und beeinflussen. Dies geschieht mit der Absicht, Strategien der Inklusion ‚der Anderen Frauen' kritisch auf ihre inhärenten Ausgrenzungseffekte hin zu reflektieren.
In der deutschsprachigen feministischen Diskussion werden Auseinandersetzungen um Differenzen unter Frauen häufig als marginale Diskurse verstanden, mit denen sich – so ein weitverbreitetes Vorurteil – diejenigen befassen, die selbst zu einer gesellschaftlich marginalisierten Gruppe zählen (vgl. Gümen 1997: 128). Im mainstream des akademischen Feminismus werden Differenzen unter Frauen nur selten als strukturelles Moment in die Analysen mit einbezogen (vgl. Gümen 1996). Die Kategorie der Frauen bildet in diesen Bereichen häufig immer noch die unhinterfragte Ausgangsbasis für Forschungen, Theoriebildungen und politische Forderungen.

Ein solches Vorgehen steht in der Kontinuität westlicher feministischer Diskurse, in denen die Erfahrungen ‚der Frauen' mit den sexistischen Unterdrükkungs- und Gewaltformen ‚des Patriarchats' universalisiert werden. Damit wird die Vielfalt und die integrale Verflochtenheit von Unterdrückungsmechanismen, die sich in der Kategorie ‚Frau' treffen, ausgeblendet. Strukturelle Diskriminierungen wie etwa Rassismus, Ethnozentrismus, klassenspezifische Benachteiligungen, Homophobie und Heterosexismus sowie Normativitäten von ‚Leistungsfähigkeit', die Frauen mit Behinderungen oder alte Frauen marginalisieren[8], bleiben dabei unberücksichtigt. Auf diese Weise werden Unterschiede zwischen Frauen der Sicht entzogen, und soziale Hierarchien unter Frauen bleiben unproblematisiert.
Vor diesem Hintergrund erweist sich eine feministische Identitätspolitik und Repräsentationspolitik, die im Namen von ‚Frauen' agiert, als äußerst prekär. Bei genauer Betrachtung wird deutlich, daß in solch einer Politik lediglich partikulare Interessen derjenigen formuliert werden, die privilegierte SprecherInnenpositionen (vgl. Lutz 1994: 142) innehaben. Bell hooks formuliert diese Problematik für die US-amerikanische Frauenbewegung folgendermaßen:

> It was a mark of race and class privilege, as well as the expression of freedom from many constraints sexism places on working class women, that middle class white women were able to make their interest the primary focus of feminist movement and employ a rhetoric of commonality that made their condition synonymous with ‚oppression'(...). Who was there to demand a change in vocabulary? What other group of women in the United States had the same access to universities, publishing houses, mass media, money? Had middle class black women begun a movement in which they had labeled themselves ‚oppressed' no one would have taken them seriously. (hooks, 1985: 6)

Mit dem Anspruch der Allgemeingültigkeit des eigenen Erfahrungshorizontes der SprecherInnen vollzieht sich eine doppelte Ausblendung: Zum einen wird eine aktive Ausgrenzung derjenigen Frauen betrieben, deren Interessen und Lebensrealitäten nicht im feministischen Denken erwähnt werden. Zum anderen

---

[8] Die vielfältigen Diskriminierungsmechanismen, denen verschiedene Frauen auf unterschiedliche Weise ausgesetzt sind, lassen sich nicht in einer endlichen Liste aufzählen. Auf diese Problematik gehe ich in Abschnitt 4.3.2 dezidiert ein. Deshalb sei an dieser Stelle angemerkt, daß diese Aufzählung nur beispielhaft einige wenige dieser Unterdrückungs- und Ausgrenzungsmechanismen berücksichtigt.

wird zugleich der Blick auf die privilegierten Positionen derjenigen verstellt, die feministische Inhalte formulieren und die politische Agenda prägen können.

> Daß die Frauenbewegung eine Massenbewegung werden konnte, die auch in verschiedensten institutionellen Bereichen Aufsehen erregte und Gehör fand, hatte nicht nur mit der Wirkungsweise ihrer eigenen Infrastruktur zu tun, sondern auch mit der gesellschaftlichen Position weißer Frauen. (Schultz 1990: 46)

Privilegierte ‚Weiße' Frauen haben so eine hegemoniale Position in Politik, Theorie, Empirie und feministischer Forschung inne, aus der eine Definitionsmacht über die Inhalte und Emanzipationskonzepte ‚der Frauenbewegung', aber auch über die Bilder und Vorstellungen von Feministinnen und ‚anderen' Frauen (vgl. Lutz 1994: 142) erwächst.

3.2.1 Frauen in der Dominanzkultur

Ein Grund, warum soziale Hierarchien und Machtunterschiede unter Frauen lange Zeit unproblematisiert geblieben sind, liegt in dem Selbstverständnis derjenigen Frauen begründet, die die Inhalte ‚des Feminismus' maßgeblich beeinflußt haben. Diesem Verständnis entsprechend ist weitläufig davon ausgegangen worden, Frauen befänden sich per se in einer oppositionellen Position gegenüber allen Herrschaftsformen. Die Setzung einer externen Position von Feministinnen zu Macht- und Herrschaftsformen hat sich jedoch als äußerst problematisch erwiesen. Sie ist nur um den Preis der Ausblendung einer Beteiligung an gesellschaft-lichen Privilegierungs- und Diskriminierungssystemen möglich (vgl. Rommelspacher 1995: 91). Mit dieser Ignoranz werden Ausgrenzungs- und Diskriminierungsdynamiken (nicht nur) innerhalb des Feminismus negiert. Solch eine Haltung reproduziert Marginalisierungen, indem sie sie unhinterfragt beläßt.
Ein Selbstverständnis, welches davon ausgeht, daß Feministinnen nicht an Macht- und Herrschaft beteiligt sind, bleibe – nach Ansicht der Sozialpsychologin Birgit Rommelspacher – letztlich einem aufklärerischen, missionarischen Denken verhaftet. Mit diesem Selbstverständnis gehe eine einheitliche Befreiungsrhetorik einher, die alle Frauen gleichsam von der patriarchalen Unterdrückung zu befreien suche.

> So glaubten wir im Kampf gegen das Patriarchat letztlich alle Herrschaftsformen abschaffen zu können. Damit haben wir uns unbewußt in eine alte abendländische Tradition eingereiht, in den Traum von der Menschheitsbefreiung, wie ihn schon christliche Missionare, humanistische Wissenschaftler und sozialistische Theoretiker träumten. Sie alle waren bekanntlich jeweils Weggefährten imperialistischer Eroberung. Das müßte uns zu denken geben. (Rommelspacher 1994: 18)

Mit der Verallgemeinerung der Kategorie ‚Frau' und der Vorstellung einer einheitlichen Befreiungsstrategie verfalle „die feministische Theorie und Praxis dem gleichen Fehler, den sie der männlich dominierten Gesellschaft hinsichtlich deren ‚Androzentrismus' vorwarf" (Hess / Linder 1997: 42).
Um die immanente Position ‚Weißer' deutscher Frauen in Herrschafts- und Privilegierungsstrukturen herauszuarbeiten, führt Birgit Rommelspacher den Begriff der ‚Dominanzkultur' ein. Kennzeichnend für eine Dominanzkultur ist zum einen eine hierarchisch strukturierte Verteilung von Privilegien an diejenigen, die als dazugehörig verstanden werden, sowie zum anderen die Ermunterung zu ständigen Bemächtigungstendenzen über diejenigen, die als nicht dazugehörig definiert werden. Frauen sind von der Selbst-Bemächtigung nicht ausgenommen. Die Dominanz der deutschen, ‚Weißen', westlichen Kultur wird durch eine Reihe von Legitimierungssystemen aufrechterhalten. Dazu zählt die Institutionalisierung von Ausgrenzungen – z.B. in der AusländerInnengesetzgebung –, durch die Differenzen festgeschrieben werden. Rommelspacher stellt heraus, daß Ausgrenzungen und Hierarchisierungen auch für Frauen, die der Dominanzkultur angehören, legitime Handlungsmuster sind, um ihre privilegierten Positionen – etwa auf dem Arbeitsmarkt – aufrecht zu erhalten. Die eigene privilegierte Position baut auf der Degradierung, Verdrängung und Marginalisierung ‚der Anderen' auf. Insofern können Ausgrenzungen in feministischen Politiken nicht als vermeintliche Unaufmerksamkeit gegenüber Differenzen unter Frauen verstanden werden. ‚Die Frau' als feministisches Subjekt ist strukturell in Mechanismen der Ausgrenzung eingebunden. Gümen hebt diesen Zusammenhang auf folgende Weise hervor:

> Die herrschende Konstruktion der sog. ‚fremden Frau' baut sich auf über den Gegensatz zu einer historisch und gesellschaftsspezifischen diskursiven Produktion über die uns vertraute, moderne, emanzipierte, westliche Frau, die genauso eine Konstruktion ist. Das Bild der Fremden wird

> nicht im luftleeren Raum, sondern in Kenntnis der verfestigten, kulturalistischen Denktraditionen und Weltbilder westlicher Industriegesellschaften kontrastiv zu seinem vermeintlichen Gegenpol gemalt. (Gümen 1996: 84)

3.2.2 Zur Problematik additiver Inklusionen

Seit Ende der 1980er Jahre rückten Ethnozentrismus und Rassismus als Thema innerhalb der westdeutschen Frauenbewegung ins Blickfeld. Dies geschah durch zahlreiche Auseinandersetzungen, die auf Inititative von Einwanderinnen, ‚Schwarzen' Deutschen, jüdischen Frauen und Flüchtlingsfrauen mit westdeutschen Frauen geführt wurden[9] (vgl. Schultz 1990: 48, Gümen 1994: 25). In der Folge ist es, so Gümen (ebd.), zu einer Wende gekommen, in der selbstreflexive anti-ethnozentristische Perspektiven eingenommen worden sind. Doch auch in dieser veränderten selbstkritischen Sichtweise ‚Weißer' deutscher Feministinnen bleibt die Kategorie Geschlecht weitestgehend zentral. Den verschiedenen Richtungen der Frauenforschung liegt, nach Gümen, dabei eine essentialisierte „und von gesellschaftlichen Herrschaftsverhältnissen isolierte Kernformel zugrunde: Frau = Geschlecht bzw. fremde Frau = Geschlecht plus Kultur" (ebd.). Solch eine additive Sichtweise verkennt die ineinandergreifenden Verhältnisse der verschiedenen Struktur- und Identitätskategorien wie ‚Geschlecht', ‚Ethnizität', ‚Klassen-' bzw. ‚Schichtzugehörigkeit', ‚sexuelle Orientierung', ‚Alter', usf.. Keine dieser Kategorien kann in ihrer Bedeutung isoliert von anderen Kategorien, mit denen sie zusammenfällt, betrachtet werden. Identitätskategorien treten ausschließlich in spezifischen Verwobenheiten miteinander auf. Das Geschlecht und ‚die Frau' sind nur kontextualisiert, als Knotenpunkte von Diskursen, Praktiken und Institutionen verstehbar.

> Innerhalb der sozialen Strukturen existieren wir nicht einfach als Frau, sondern als differenzierte Kategorie wie Arbeiterin, Bäuerin, Migrantin. Jede Geschlechtskonfiguration hat ihre eigene historische und soziale Spezifik. Auf dieser Ebene betrachtet, ist die Analyse der Geschlechterverhältnisse eine Untersuchung struktureller Prozesse innerhalb von Gesellschaft. (Gutiérrez Rodríguez 1996b: 170)

---

[9] Die Texte und Darstellungen, die diese Debatten dokumentieren, beziehen sich ausschließlich auf eine Diskussion in der alten Bundesrepublik.

In additiven Sichtweisen kulminieren die Differenzen zudem immer in einem Konstrukt der ‚Anderen', während das eigentliche vergeschlechtlichte Subjekt des Feminismus gegenüber der Vielzahl von Differenzen neutral konzipiert wird. Die Differenz wird so zur thematisierten Devianz, während sich das stillschweigend vorausgesetzte ‚Weißsein' des feministischen Subjekts dem kritischen Blick entzieht. Wir wissen um dessen ‚Weißsein'

> und das wissen wir, weil niemand es erwähnt. Das heißt: Weißsein konstituiert sich über seine diskursive Abwesenheit und ist doch gleichzeitig anwesend, weil es stets mit gedacht wird. (Wollrad 1998: 11)

Nur vor diesem Hintergrund wird z.B. das ‚Schwarzsein' einer Frau zu einer thematisierten Größe. Die Sichtbarmachung ‚der Anderen' erfolgt immer in Relation zur Dominanzgesellschaft (Gutiérrez Rodríguez 1996a: 99), d.h. zu selbstverständlich vorausgesetzten Normen, die selbst nicht in Zweifel geraten. Wenn sich also Differenz immer in Relation zu einer Dominanzposition bildet, muß letztere zum Objekt der Analyse werden, soll die Logik der Spaltung von ‚Eigentlichem' und ‚Differentem', von ‚Eigenem' und ‚Fremden' durchbrochen werden. Für solch eine Analyse reicht es nicht aus, die ‚einst ignorierten' Differenzen der ‚Anderen' mitzubedenken. Es ist ebenfalls nicht ausreichend, das ‚Weißsein' pflichtschuldig in einer Selbstbeschreibung zu erwähnen. Bell hooks kritisiert solch ein Vorgehen sehr energisch:

> (...) nur eine konsequente, scharfe und sachliche Analyse des Weißseins könnte wirklich herausfinden, welche Kräfte (...) dafür verantwortlich sind, daß sich fundamentale Gräben auftun zwischen der lauthals vorgetragenen politischen Verpflichtung, den Rassismus auszurotten, und dem Beteiligtsein an der Konstruktion eines Diskurses über ‚Rasse', der die rassistische Unterdrückung unendlich weitertreibt. Viele Wissenschaftler, Kritiker und Schriftsteller – Männer wie Frauen – schicken ihrer Arbeit die Bemerkung voraus, daß sie weiß sind, als reiche die bloße Bekanntgabe dieser Tatsache aus, als enthalte sie alles, was wir über ihren Standpunkt, ihre Motivation und Richtung wissen müssen. (hooks 1996: 83f)

Eine kritische Analyse ‚Weißer' Feministinnen, die sich auf gesellschaftliche Verhältnisse richtet, sollte die eigene SprecherInposition und die dazugehörigen Privilegien in ihrer Reflexion einbeziehen (vgl. FeMigra 94: 60f). Erst dies eröffnet die Möglichkeit, diese Positionen in Hinblick auf ihre Abhängigkeit von Marginalisierungen zu hinterfragen. An die Stelle einer additiven Sichtweise kann dann eine Aufmerksamkeit für die Eingebundenheit in Herrschaftsstrukturen treten. Erst mit der Anerkennung, daß alle – und eben nicht nur die ‚Anderen' – eine Position in den marginalisierenden Herrschaftsverhältnissen innehaben, wird es möglich, Reproduktionen von Marginalisierungen einzudämmen.

3.2.3 Kontextualisierte Differenzen

Die deutschsprachige feministische Diskussion um Differenzen unter Frauen konzentriert sich weitestgehend auf die Aspekte von Ethnizität, kultureller Zugehörigkeit und Rassismus[10]. Diese Thematisierung ist maßgeblich durch die US-amerikanische Debatte um Differenzen geprägt. Der Grund hierfür liegt unter anderem darin, daß die Marginalisierungen der ‚anderen Frauen' im deutschsprachigen Feminismus so weitreichend waren, daß ihre Publikationen bis Ende der 80er Jahre kaum in feministischen Diskussionen aufgenommen wurden (vgl. Gutiérrez Rodríguez 1996b: 167f). In den USA konnten ‚Schwarze' Frauen, lesbische Frauen, Women of Color und Third World Feminists (trotz der von hooks benannten Schwierigkeiten) eher Einfluß auf feministische Themenbildung gewinnen und eine feministische Diskussionskultur um die Konzeptualisierung von Differenz im Feminismus entwickeln. Ent-sprechend finden sich in zahlreichen deutschsprachigen Publikationen, die sich mit der Dezentrierung des feminsitischen Subjekts auseinandersetzen, Hinweise wie der folgende:

> Ein weiterer Anstoß aus der Praxis der Frauenbewegung [für die Diskussionen um Gleichheit und Differenz unter Frauen, S.P.] kam vor allem von schwarzen, farbigen und lesbischen Frauen aus den USA, die sich in der Frauenbewegung und ihrer Theoriediskussion nicht repräsentiert

[10] Dieser Einwand hebt nicht darauf ab, die Relevanz dieser Themenkomplexe in Frage zu stellen, sondern richtet sich gegen die Reduktion der Debatte um Differenzen unter Frauen auf diese Themen. Auseinandersetzungen mit Komplexen wie ‚Alte Frauen', ‚Frauen mit Behinderungen' (vgl. Linz 1994), oder mit klassen- bzw. schichtspezifischen Unterschieden zwischen Frauen gibt es kaum. Selbst wenn Klasse und Schicht als differenzierende Variablen angeführt werden, findet sich selten eine wirkliche Analyse ihrer Bedeutung (vgl. Bubeck 1993).

> fühlten und auf das Problem der Differenz und Machtbeziehungen unter Frauen hinwiesen. (Maltry 1998: 307)

Da die US-Debatte auch für die deutschsprachige Diskussion bedeutend ist, kann diese Aussage als richtig und wichtig betrachtet werden. Dennoch trägt sie ein Problem in sich: Die Kritik von Einwanderinnen, ‚Schwarzen' Deutschen, jüdischen Frauen und Flüchtlingsfrauen im deutschsprachigen Kontext wird vollständig ausgeblendet. In Maltrys Beitrag, der sich dem Thema „Machtdiskurs und Herrschaftskritik im Feminismus" zuwendet, findet sich weder ein Hinweis auf die Einwände dieser Frauen, noch eine konzeptionelle Einbindung ihrer Kritik. Auch in anderen aktuellen, interessanten und anregenden Beiträgen zur Dekonstruktion des feministischen Subjekts und zur Kritik an Repräsentationspolitiken finden sich ähnliche Bezüge zur US-Debatte ohne eine konzeptionelle Rückbindung an den bundesdeutschen Kontext (z.B. Köpl 1996).

Eine ausschließliche Konzentration auf die Debatte in den USA läuft Gefahr, die Ausblendung des Diskurses um Differenzen im bundesrepublikanischen Kontext zu reproduzieren. Ferner erscheint eine in den Mehrheitskulturen verortete deutsche Feministin vor dem Hintergrund der in die USA verschobenen Differenzdebatte erneut als neutrales feministisches Subjekt. Mit einer unkontextualisierten Übernahme der US-amerikanischen Debatte um Differenzen unter Frauen gerät eine Reflexion über die immanente Position ‚Weißer' deutscher Feministinnen in Herrschafts- und Privilegierungssystemen in den Hintergrund. Folglich würden – so Gümen – Plädoyers für Differenzen zwischen Frauen untauglich und der unbestimmte Einsatz der Begriffe ‚Ethnizität', ‚Kultur', und ‚Rasse' habe, ohne Eingebundenheit in hiesige soziale Kontexte, lediglich mythodologisierende Wirkungen (Gümen 1995: 34).

Die dezidierte Analyse von Differenzen unter Frauen fordert im bundesrepublikanischen Kontext u.a. Auseinandersetzungen mit Themenkomplexen wie StaatsbürgerInnenschaft, BürgerInnenrechten, und Nationalstaatsdenken. Diese Institutionen sind von besonderer Bedeutung, weil sie privilegierende Funktionen für die ‚Einen' (Frauen) bei gleichzeitig diskriminierender Funktion für die ‚Anderen' (Frauen) haben. Gutiérrez Rodríguez betont die verschärfende Wirkung der Institutionen wie StaatsbürgerInnenschaft, AusländerInnengesetzgebung und Arbeitsförderungsgesetz für den alltäglichen, auf dem Differenzdenken fußenden Ethnozentrismus und Rassismus. Es sind diese Institutionen, die Differenzen materialisieren und festschreiben (Gutiérrez Rodríguez 1996b: 177). Die Betrachtung von Differenzen unter Frauen sollte nach Gutiérrez Ro-

dríguez immer eine kontextualisierte sein. Nur so können die spezifischen Mechanismen, die Differenzbildungen verfestigen, in Strategien des Umgangs mit Differenzen unter Frauen einbezogen werden.
Wie der vorangehende Abschnitt zeigt, hat sich feministische Politik, die auf einer Einheit des Feminismus aufbaut, als problematisch erwiesen, weil sie Unterschiede zwischen Frauen ausblendet. Doch auch Strategien der Thematisierung der Differenzen im Feminismus tragen einen Zwiespalt in sich. Entgegen der Absicht, Ausschlüsse von Frauen zu vermeiden, werden mit Strategien der Inklusion stillschweigend vorausgesetzte Normativitäten der SprecherInposition bestätigt. Die Geste des Einschlusses verfestigt die Polarität zwischen ‚Eigentlichem' und ‚Differentem' (z.B. zwischen der ‚Weißen Frau' und der ‚anderen Frau'). Aus diesem Grunde hält Gutiérrez Rodríguez es für unerläßlich, die SprecherInposition in der feministischen Theorie und Praxis permanent zu hinterfragen. Es ist wesentlich, zu thematisieren, welche von wo aus für wen spricht, um partikulare Interessen im Feminismus sichtbar zu halten (vgl. Gutiérrez Rodríguez 1996: 170). So werde dem Umstand Rechnung getragen, daß der Feminsimus fragmentiert sei und keine geschlossene Einheit darstelle. Zudem würden die sozialen Beziehungen und Unterschiede zwischen den Akteurinnen im Feminismus deutlich werden.

*

Wird Feminismus – wie einleitend beschrieben – als transformative Politik verstanden, die sich gegen soziale Ungleichheiten und gesellschaftliche diskriminierende Verhältnisse richtet, die mit der Geschlechterdifferenz einher gehen, bilden die Benennbarkeit, Sichtbarkeit des femi-nistischen Subjekts und die Fähigkeit zum politisch einflußreichen Handeln von Feministinnen wesentliche Voraussetzungen für einen Erfolg dieser Politik. Deshalb stellt sich die Frage, ob ein Politikentwurf möglich ist, der die Heterogenität und kontextuelle Varianz des Feminismus strategisch einbezieht. Eine Antwort auf diese Fragen böte eine Chance auch ohne die Entität des Feminismus feministische Politik betreiben zu können. Die Philosophin Judith Butler hat sich in ihrer Arbeiten intensiv mit dieser Fragestellung auseinandergesetzt. Ihre ‚Antworten' und Ergebnisse haben den feministischen Diskurs maßgeblich beeinflußt.

4. *Judith Butler: Das „postsouveräne Subjekt“ im Feld der performativen Macht*

(...) a feminist critical theory begins when the feminist critique of sociocultural formations (discourse, forms of representation, ideologies) becomes conscious of itself and turns inward (...) in pursuit of consciousness to question its own relation to or possible complicity with (...) ideologies, its own heterogeneous body of writing and interpretations, their basic assumptions and terms, and the practices which they enable and from which they emerge.(de Lauretis 1990: 138)

Wenn die Begriffe des Poststrukturalismus und der Dekonstruktion im Zusammenhang mit dem Begriff des Feminismus erwähnt werden, wird im deutschsprachigen Raum die theoretische Verbindung vor allem zu einem Thema gezogen: zur Dekonstruktion des Geschlechts. Dieses Thema wird dabei meist untrennbar mit der Philosophin Judith Butler in Zusammenhang gebracht. Seit dem Erscheinen ihres Buches „Das Unbehagen der Geschlechter“ 1991 werden ihre Publikationen kontrovers diskutiert, und es gibt kaum feministische Diskussionen zum Thema Geschlechtsidentität, in denen ihr Name unerwähnt bleibt. Ausgangspunkt dieser Diskussion, die anfangs von zum Teil recht energischen Gegenreden (z.B. Duden 1993) geprägt war, ist die von Butler herausgearbeitete These, daß nicht das biologische Geschlecht kulturell überformt ist[1], sondern, daß selbst das biologische Geschlecht ein kulturelles, diskursiv hervorgebrachtes Konstrukt ist (vgl. Landweer & Rumpf 1993: 4).
Mit dieser Aussage erreicht Butler seit Anfang der 90er Jahre eine Popularität, die anderen TheoretikerInnen, die im deutschsprachigen Raum ähnliche Aussagen schon Ende der 80er Jahre gemacht haben, verwehrt blieb.

---

[1] Hinter der These der kulturellen Überformung des biologischen Geschlechts steckt die feministische Differenzierung des Geschlechts in ‚sex‘ als das biologische körperliche Geschlecht und in ‚gender‘ als ein durch geschlechtsspezifische Sozialisation geprägte Geschlechtsidentität. Das feministisch interpretierte und definierte ‚gender‘ bildet ein Instrument, das wesentlich zur Aufdeckung der Kontingenz der patriarchalen Geschlechterordnung beiträgt (vgl. Braidotti 1994: 12), indem es verdeutlicht, daß die Geschlechterhierarchie ausschließlich gesellschaftlich begründet ist (vgl. hierzu ebenso Abschnitt 4.1.3)

Bereits 1988 hat Carol Hagemann-White darauf aufmerksam gemacht, daß die Grundannahmen über die Eindeutigkeit, Naturhaftigkeit und Unveränderbarkeit des Geschlechts bloße Alltagsannahmen seien, für die selbst die Humanbiologie „keine eindeutige Definiton des Geschlechtsunterschiedes im Sinne der kulturell geforderten vollständigen Disjunktion" liefern könne (1988: 228). Nach Hagemann-White sind diese Alltagsannahmen über die Zweigeschlechtlichkeit in patriarchale Herrschaftsstrukturen eingebettet bzw. in ihnen hervorgebracht. Mit einer Abkehr von Annahmen dichotomer Geschlechtsausprägungen würde eine Vielfalt von Geschlechtlichkeiten sichtbar werden. Mit dem Wissen um die Konstruiertheit der Zweigeschlechtlichkeit könnten Herrschaftsverhältnisse, die aufgrund der dichotomen Polarisierung und Hierarchisierung der Geschlechter zur Diskriminierung von Frauen führen, überwunden werden (ebd.: 229).
Gildemeister & Wetterer (1992) und Landweer & Rumpf (1993) weisen zu Recht auf die Rezeptionssperre hin, die Ansätzen, wie z.B. dem von Hagemann-White, im deutschsprachigen Raum entgegengebracht wurde. In Folge dieser Rezeptionssperre, die mit „Das Unbehagen der Geschlechter" durchbrochen wurde, erhalte Butler mit einer „nicht so ganz neue(n) Devise" (Landweer & Rumpf 1993: 4) eine Aufmerksamkeit, die auch anderen hätte zukommen können. In diesem Zusammenhang muß jedoch herausgestellt werden, daß Butler sich durch eine konsequente theoretische Umsetzung ihres Ausgangspunktes der diskursiven Konstruktion von Geschlechtlichkeit und Geschlechtsidentität auszeichnet, die in den ihr vorausgehenden Ansätzen nicht gleichermaßen radikal formuliert wurde.
Diese Radikalität liegt in Butlers poststrukturalistischen theoretischen Bezügen begründet. Ihre Kritik am Verständnis vom Geschlecht verbindet sich mit der Ablehnung eines humanistischen Subjektverständnisses und der Kritik am metaphysischen Ursprungsdenken. Ihr Argumenta-tionsgang bindet ein an Foucault angelehntes Machtverständnis ein und bewegt sich vor dem Hintergrund des Derridaschen Textbegriffs. Aus diesem Grunde verbirgt sich hinter Butlers These der diskursiven Hervorbringung des biologischen Geschlechts eine Komplexität, die mehr umfaßt als eine bloße Kritik an der Kategorie Geschlecht. Diese Kritik ist vielmehr das Ergebnis einer konsequenten Übertragung poststrukturalistischer Metaphysikkritik auf einen feministischen Diskussionsgegenstand, in deren Folge sämtliche essentialistisch begründeten Gewißheiten zu machtvoll hervorgebrachten kontingenten Größen werden. Als Ergebnis von Butlers Analyse der sozialen Konstruktion des Geschlechts gibt es keinerlei wahre (Viel-) Geschlechtlichkeit jenseits gegenwärtiger Herrschafts-

verhältnisse zu entdecken – wie dies z.B. noch bei Hagemann-White zu sein scheint. Aufgrund einer streng diskursimmanenten Sichtweise können nach Butler keine Wahrheit und keinerlei biologische Grundlagen oder Materialitäten außerhalb diskursiver Hervorbringung und jenseits von Machtverhältnissen bestehen. In Rekurs auf Derridas Theoretisierung der Dynamik der Sprache wird jede essentialistische Spur, wie auch alles Wahrgenommene und Wahrnehmbare, zu einem sprachlich hervorgebrachten Konstrukt. Mit ihrer These, daß es kein natürliches Geschlecht im metaphysischen Sinne gäbe, verbindet sich eine weitreichende Kritik moderner erkenntnistheoretischer Grundlagen auch des Feminismus.

Aus der Perspektive Butlers entbehrt die Kategorie ‚Frau' als Subjekt des Feminismus jeder biologischen Grundlage und muß statt dessen als eine machtvoll hervorgebrachte und aufrechterhaltene Kategorie verstanden werden. Zudem lösen sich in ihrer dekonstruktivistischen Sicht auch alle weiteren feministischen Selbstverständlichkeiten auf, die eine Grundlage feministischer Politik bilden: ‚der weibliche Körper' oder ‚die weibliche Erfahrung' stellen für Butler ebenfalls diskursiv hervorgebrachte Größen dar. Vor allem dieser Punkt löste die anhaltende Kontroverse um Butlers Ansatz aus und führte zu einer scharfen Kritik einiger Feministinnen an ihren Thesen. In der Folge wird ihr u.a. „semiotischer Idealismus" (Maihofer 1995: 48) und die „Entkörperung" (Duden 1993) von Frauen vorgeworfen.

In der Diskussion um Butlers Dekonstruktion hat eine thematische Schwerpunktverschiebung stattgefunden. In der aktuellen Rezeption wird vorwiegend Butlers These der Verortung des Feminismus innerhalb derjenigen Macht- und Herrschaftsverhältnisse, die feministische Theorien und Praxen zu überwinden glauben, diskutiert. In diesem Zusammenhang ist vor allem ihre Kritik feministischer Identitätspolitik Gegenstand der Debatte (z.B. Lorey 1998, Weinbach 1998, Niekant 1999, Wartenpfuhl 1999).

Dort, wo Butler affirmativ diskutiert wird und poststrukturalistische Perspektiven in der feministischen Theoriebildung entwickelt werden, zeichnet sich ein Paradigmenwechsel ab. Das Patriarchat – einst als eine zu bekämpfende Struktur verstanden, die durch eine ihr alternative und von ihr völlig unabhängige Ordnung zu transformieren oder zu überwinden sei – wird aus einer veränderten Perspektive betrachtet und bildet nicht mehr den alleinigen Fokus der feministischen Aufmerksamkeit.

> *Das* Patriarchat und die bürgerliche Moderne werden hier nicht mehr als das feindliche *Außen* der Frauenbewegung betrachtet. In der ‚Allgegen-

> wart der Macht' (Michel Foucault) erweist sich nun auch die Frauenbewegung selbst als eine Kraft im Spiel der Kräfte. (Niekant 1999: 30, kursiv im Original)

In das Zentrum feministischer Aufmerksamkeit rückt die Theoretisierung der diskursiven Hervorbringung ‚der Frau' sowie die Verstricktheit feministischer Emanzipationspolitik im Feld der Macht. Die Vorstellung einer oppositionellen Position von ‚Frauen' wird ebenso aufgegeben, wie die Idee „der ‚Frauenbefreiung' als ein Weg *hinaus*" (ebd., kursiv im Original) aus gegebenen Machtverhältnissen. Statt dessen wird die konstitutive Situiertheit des feministischen Subjekts innerhalb dieser Verhältnisse zum Gegenstand der Theoriebildung. Dies hat zur Folge, daß auch die Eingebundenheit feministischer Repräsentationspolitik im Denken der „großen und modernen Emanzipationsansprüche und Parolen" (Thürmer-Rohr 1995: 91) reflektiert wird. Die Frauenbewegung wird als genau durch diejenigen Verhältnisse konstituiert betrachtet, die sie verändern will (vgl. Niekant 1999: 31).
Jenseits biologisch fundierter Kategorien muß feministische Politik neu gedacht und entworfen werden, da diese nicht mehr selbstverständlich im Namen ‚der Frau' formuliert und gerechtfertigt werden kann, zumal sich die Kategorie ‚Frau' im Feminismus ohnehin als problematisch erwiesen hat. Dies wirft eine Reihe von Fragen auf: Wie soll eine feministische Politik ohne den Rückgriff auf ‚die Frau' möglich sein? Muß die Kategorie ‚Frau' – und die in ihrem Namen betriebene Identitätspolitik – gänzlich verabschiedet werden, oder geht es nicht vielmehr darum, die Bedeutung dieser Kategorie zu pluralisieren und ihre Struktur ent-sprechend vielfältiger feministischer Ansprüche variabel zu halten? Könnte ‚die Frau' als grundlegende Analysekategorie des Feminismus beibehalten werden, ohne normativen Ausschlüssen zu verfallen?
Butler wendet sich diesen Fragestellungen in ihren Texten immer wieder zu und entwickelt eine Perspektive feministischer Politikmöglichkeiten jenseits einer traditionellen modernen Identitätspolitik. Die Darstellung ihres Identitätspolitikentwurfs[2] wird nach der Herleitung von Butlers Subjektbegriff und ihres daraus resultierenden Konzepts von Handlungsfähigkeit am Ende dieses Kapitels stehen. Zunächst stelle ich jedoch grundlegende Bezüge Butlers zu Foucault und Derrida dar, aus denen heraus sie eine theoretische Basis ihrer Analysen entwickelt.

---

[2] Auch wenn Butler Identitätspolitik kritisiert, will sie diese – wie ich in Abschnitt 4.3.3 darstellen werde – nicht generell abgeschafft wissen.

4.1 Zentrale Konzepte Judith Butlers in ihren theoretischen Bezügen zu Foucault und Derrida

> *Performativität (...) ist der Schlüsselbegriff in Butlers Überlegungen. (...) Es ist der Modus, um den sich alles dreht: Der Konstitutionsmodus. (...) Performativität – die Produktivität von Sprechakten – ist der Motor, der alles am Leben hält und ins Leben ruft. (Lorey 1997: 171)*

Das Nachzeichnen von Butlers Identitäts- und Subjektentwurf stößt unweigerlich auf die Komplexität ihres theoretischen Rahmens[1]. Da ich in dieser Arbeit das Ziel verfolge, ein poststrukturalistisches Verständnis von Handlungsfähigkeit jenseits eines Rückgriffs auf einen autonomen humanistischen Subjektbegriff darzustellen, werde ich mich auf Butlers Bezüge zu Derridas und Foucaults Ansätzen konzentrieren.

Entgegen der weitverbreiteten feministischen Rezeption Butlers, die sich vorwiegend auf ihren theoretischen Bezug auf Foucault konzentriert (z.B: Raab 1998, Ott 1998, Lorey 1996, Hark 1996), halte ich Butlers Rekurs auf Derrida in ihren Argumentationslinien für mindestens ebenso relevant[2]. Dabei ist meines Erachtens hervorzuheben, daß für Butlers theoretisches Vorhaben gerade ihre spezifische Zusammenführung und Modifikation beider Ansätze bedeutend ist und weniger, welcher der beiden Theoretiker einen größeren Einfluß auf ihre Theorie hat.

Dementsprechend verfolgt die anschließende Darstellung nicht das Ziel, die gesamte Variationsbreite von Butlers Bezügen auf Foucault und Derrida aufzu-

---

[1] Diese Komplexität ist zudem nicht einfach nachzuzeichnen, da Butler ihre Referenzen oft nur implizit über den Einsatz bestimmter Terminologien in spezifischen Argumentationszusammenhängen in Erscheinung treten läßt. Das vergeschlechtlichte Subjekt findet sich z.B. "foucauldianisch als ‚Produkt' oder ‚Effekt' diskursiver Praktiken, nietzscheanisch als ‚Notwendige Fiktion', psychoanalytisch als ‚phantasmatische' oder konstruktivistisch als ‚soziale Konstruktion'" (Rebentisch 1998: 43) beschrieben wieder.

[2] Wartenpfuhl weist darauf hin, daß in der Butler Rezeption die Bedeutung von Derrida für ihre Theorie bisher vernachlässigt wurde, obwohl ihrer Auffassung nach aus Butlers Ansatz „die Derridasche Dekonstruktion mindestens genauso deutlich zu uns spricht, wie der diskurstheoretische Ansatz Foucaults." (Wartenpfuhl 1996; 203). Susan Bordo hält in Hinblick auf Butlers „linguistic foundationalism" (Bordo 1992: 170) den Einfluß von Derrida auf Butlers Ansatz sogar für weitreichender als den Einfluß Foucaults.

zeigen. Vielmehr soll hier Butlers Verknüpfung beider Perspektiven nachgezeichnet werden, in deren Folge sie ein Machtverständnis entwickelt, das auf spezifische Weise in ihr Konzept von Performativität verschränkt ist. Die in einem Motiv der „performativen Macht“[3] (Butler 1995: 297) zusammenlaufenden verschiedenen theoretischen Stränge bilden eine zentrale Folie, vor deren Hintergrund Butler ihre Perspektive von Handlungsfähigkeit, Subversion und Identitätspolitik aufbaut. Eine entscheidende Rolle spielt dabei zudem Butlers konzeptionelle Verschränkung von Intelligibilität, Geschlechtlichkeit und Subjektivität. Hierin findet sich ebenfalls eine Zusammenführung und Modifikation beider Theoretiker. So werde ich im Folgenden gleichfalls näher auf Butlers Verständnis der Intelligibilität des Subjekts wie auch auf ihre Dekonstruktion des Geschlechts eingehen.

[3] Butler verwendet den Begriff „performative Macht“ selten explizit. Da sich unter diesem Begriff Butlers implizit gehaltenes Verständnis von einer komplexen relationalen Macht, die in die Dynamik des Sprachlichen eingebunden ist, anschaulich benennen läßt, verwende ich diesen Begriff, um ihr spezifisches Machtverständis herauszustellen und von Foucaults Machtbegriff abzugrenzen.

4.1.1 Macht, Diskurs und Performativität

> *Soweit Foucault die gegenwärtigen Machtbeziehungen zu Recht dadurch beschreibt, daß sie von einer Vielzahl möglicher Orte ausgehen, ist Macht nicht mehr auf die Parameter der Souveränität beschränkt. Daß es schwierig ist, Macht als eine souveräne Formation zu beschreiben, verhindert allerdings in keiner Weise, daß Macht in genau dieser Form phantasiert oder arrangiert wird; im Gegenteil, der historische Verlust einer souveränen Machtorganisation scheint die Phantasie ihrer Rückkehr hervorzubringen, die, wie ich nachweisen möchte, in der Sprache stattfindet, in der Figur der performativen Äußerung. (Butler 1998a: 112)*[4]

Wie bereits erwähnt, lehnt Judith Butler die Vorstellung von einem autonomen, aus sich selbst heraus seienden, transzendentalen Subjekt ab. Vielmehr sieht sie, wie Foucault und Derrida, das Subjekt diskursiv konstituiert. Diese Auffassung begründet sich in ihrer Kritik an metaphysischen Setzungen, die sie mit Derrida teilt. Jenseits eines Ursprungsdenkens sieht auch Butler alle Wirklichkeit, jede Substanz und jede Essenz durch Bezeichnungsprozesse hervorgebracht. Dementsprechend bildet sich Butlers Sprach- und Textverständnis in Übereinstimmung mit Derrida. Der Immanenzraum der Sprache kann ihrem Verständnis nach nicht überschritten werden, und es gibt für sie kein Außerhalb des Bereichs des Diskursiven[5]. Insofern unterscheidet sich Butlers Diskursver-

---

[4] Sofern mir Übersetzungen von Butlers Texten vorliegen, zitiere ich sie auf deutsch, es sei denn, die Übersetzung erscheint mir ungenau.

[5] Zur Spezifizierung des Butlerschen Diskursbegriffs muß eine Unterscheidung vorgenommen werden zwischen „dem Diskurs" „Diskursen" und „dem Diskursiven". Butler verwendet den Begriff des Diskurses nicht immer einheitlich. So schreibt sie etwa von einer Vielzahl von Diskursen (z.B. in Bezug auf die Regulierung von Geschlechtsidentitäten (vgl. 1991: 59) und unterscheidet diese zusätzlich von Institutionen und Verfahrensweisen (vgl. 1991: 9). Insofern kann es bei ihr einen Bereich außerhalb *einzelner* Diskurse geben. Dort, wo sie auf den Immanenzraum der Sprache verweist, verwendet Butler sowohl den Begriff des „Diskurses" im Singular (vgl. z.B. 1995: 30), als auch die Begrifflichkeit des „Diskursiven" (vgl. z.B. 1995: 34). Um eine widersprüchliche Verwendung „des Diskurses" zu vermeiden und die Möglichkeit der Vielzahl von Diskursen im Bereich des Diskursiven (wie Butler sie einräumt) nicht zu negieren, ziehe ich eine eindeutigere Unterscheidung zwischen

ständnis vom Diskursbegriff Foucaults, der einen Bereich des Nicht-Diskursiven nicht ausschließt[6].

Mit der Ablehnung eines der Signifikation vorausgehenden Ursprungs oder Referenten versteht Butler jede angenommene metaphysische Gegebenheit als ein phantasmatisches Ideal[7], das als bloße ‚essentialistische Illusion' durch die Sprache hervorgebracht ist. Um den illusorischen Anschein der Gegebenheit aufrechtzuerhalten, muß dieses Ideal durch seine wiederholte Bezeichnung permanent bestätigt werden. Das Subjekt, das biologische Geschlecht und die Geschlechtsidentität stellen für Butler solche phantasmatischen Ideale dar. Der Anschein ihrer naturhaften Gegebenheit ist das Ergebnis machtvoller Setzungen, in denen sich – so Butler – bestimmte politische Interessen realisieren. Butlers feministisches Projekt zielt auf die Hinterfragung derjenigen Setzungen, die die hierarchischen Geschlechterverhältnisse und die heterosexuell konzipierte Zweigeschlechtlichkeit im Sinne einer androzentristischen binären Ordnung aufrecht erhalten. Es geht ihr darum, jede

> (...) Voraussetzung in Frage zu stellen (...), sie von ihren metaphysischen Behausungen zu befreien, damit verständlich wird, welche politischen Interessen in und durch diese metaphysische Plazierung abgesichert werden. (Butler 1995: 54)

Aus Butlers Sicht stellt die sprachliche Hervorbringung, die solche „metaphysischen Plazierungen" absichert, eine politisch machtvolle Praxis dar. Demnach realisiert sich Macht in der Bezeichnungspraxis.

Nach eigenen Angaben bezieht sich Butler in ihrem Machtverständnis auf Foucault (vgl. Butler 1991: 16). Wie Foucault lehnt sie das Verständnis einer Macht, die besessen werden kann, ab und geht ebenfalls von einer Allgegenwart der Macht aus. Jedoch unterscheidet sich ihr Machtkonzept in einem Punkt wesentlich von dem Foucaults. Foucault sieht die juridische Machtform – die verbietende, kontrollierende und regulierende Macht – geschichtlich

---

„Diskurs" und „Bereich des Diskursiven" vor. In Bezug auf Argumentationen um den Immanenzraum der Sprache, in denen Butler betont, daß es keine Möglichkeit der Überschreitung gibt, werde ich die Formulierung „kein Außerhalb des Diskursiven" verwenden.

[6] Wie in Kapitel 1.1 angemerkt, hat Foucault keinen einheitlichen Diskursbegriff. Die Abgrenzung von Butlers und Foucaults Diskursbegriff bezieht sich hier auf den ‚mittleren' genealogischen Foucault.

[7] Butlers Begriff des ‚phantasmatischen Ideals' entspricht dem Begriff des ‚illusorischen' bzw. ‚metaphysischen Ideals' wie ich sie in Abschnitt 2.2 in Bezug auf Derridas Metaphysikkritik dargestellt habe.

durch die produktive relationale Erscheinungsform der Macht abgelöst[8]. Er hält beide Formen der Macht für unvereinbar. Butler hingegen verwendet für ihre Analysen ein Machtverständnis, das beide Komponenten, die juridische und die produktive einschließt (vgl. Lorey 1996: 52f).

Diese Verschiebung des Machtverständnisses ist für Butler wichtig, um die Wirkungsweise „sozialer Machtstrukturen" (Butler 1995: 296) mit in ihre Perspektive der Bedeutung von Macht einzubeziehen[9]. In der Terminologie Foucaults fallen diese Strukturen unter den Begriff der Herrschaft und sind deshalb nicht in seine Analyse der Macht einbezogen. Butler bemängelt an Foucaults rein relationalem Machtkonzept, daß Macht als eine „in jedem Augenblick und in jedem Punkt – oder vielmehr in jeder Beziehung zwischen Punkt und Punkt" (Foucault 1997: 114) von neuem erzeugtes Moment verstanden werde (vgl. Butler 1995: 296). Damit schreibe Foucault der Macht einen ‚schwerelosen Vitalismus' zu, der ihr nicht gegeben sei (vgl. ebd.). Butler besteht darauf, daß die machtvolle diskursive Reproduktion – ihrem Sprachverständnis entsprechend als Resignifikation bezeichnet – von Macht immer durch bestimmte Konventionen, Normen, Gesetze oder Zwänge reguliert wird.

> Weder Macht noch Diskurs werden in jedem Moment von neuem gemacht, sie sind nicht so schwerelos, wie das die Utopiker radikaler Resignifikation [Nietzsche und Foucault S.P.][10] implizieren könnten. (Butler 1995: 296)

In Anschluß an Derrida argumentiert Butler, daß jede diskursive Reproduktion, jede Resignifikation in ein „zitatförmiges Vermächtnis" (Butler 1995: 298) eingelassen ist. Eine sprachliche Hervorbringung entstehe immer „im Kontext einer Kette verbindlicher Konventionen" (ebd.). Nur durch die Anführung von normativ codierten Äußerungen werde eine Bezeichnungspraxis identifizierbar (vgl. Butler 1995: 299). Daraus folgert Butler, daß Konventionen und Normen

---

[8] Zu Foucaults Begriffen der produktiven Macht und der relationalen Macht, die sich ausschließlich in Verhältnissen realisiert vgl. Kapitel 1.2 .

[9] Insofern läßt sich sagen, daß Butler die feministische Kritik an der Vernachlässigung von verfestigten Machtverhältnissen in Foucaults Machtverständnis aufgreift.

[10] Butler interpretiert Foucault dahingehend, daß er Nietzsches Verständnis der Reproduktion innerhalb einer Zeichen-Kette in seine Konzeption diskursiver Macht übernähme, in der „die ganze Geschichte eines Dings, eines Organs, eines Brauchs" als „eine fortgesetzte Zeichen-Kette von immer neuen Interpretationen" anzusehen sei, „deren Ursachen selbst unter sich nicht im Zusammenhang zu sein brauchen, vielmehr (...) sich bloß *zufällig* hintereinander folgen und ablösen." (Nietzsche zitiert nach Butler 1995: 296, kursiv S.P.).

konstitutiv für das „Gelingen“[11] einer Bezeichnungspraxis seien. Bezeichnungen könnten aus diesem Grunde nicht mit einer beliebigen Bedeutungsproduktion aus der Zitationskette ausbrechen. Die machtvolle sprachliche Produktion unterläge demzufolge immer konstitutiven Zwängen und Einschränkungen. Diese Zwänge stellen für Butler das unumgängliche juridische Moment der sprachlichen Hervorbringung dar. Die produktive Macht, die dieser Hervorbringung inhärent ist, könne demnach nur verschränkt mit dem juridischen Aspekt der Macht zur Wirkung kommen.
In diesem Beharren auf dem juridischen Moment der Bezeichnungspraxis liegt Butlers Argumentation begründet, daß mit der Dekonstruktion das Geschlecht nicht abgeschafft oder für eine beliebige diskursive Umgestaltung geöffnet werden könne. Das Geschlecht – verstanden als Bezeichnungspraxis – sei kein „Gegenstand einer individuellen Wahl“ (Butler 1993: 10) oder einer willkürlichen Umdeutung. Die diskursive Reproduktion von Geschlecht fände immer im Bezug zu normativen Regulierungen wie phallogozentristischen und heteronormativen Konventionen, sowie androzentristischen Bedeutungsökonomien statt[12]. Dies bedeute andererseits jedoch nicht, daß die sprachlich-diskursive Reproduktion (des Geschlechts) durch diese Zwänge vollständig determiniert wäre.

> Wir sind weder so radikal frei, daß wir uns selbst erschaffen können, noch sind wir als Werkzeug oder Effekt einer außerhalb unserer Kontrolle liegenden Macht von Grund auf determiniert. Wir sind gewissermaßen gezwungen, die regulierenden Bedingungen des Geschlechts ständig zu wiederholen, wie aber diese Wiederholung vor sich geht, ist teilweise offen. (Butler 1993: 10)

Foucaults Fokus auf die Mikrophysik der Macht, die sich durch vielfältige Praktiken verwirklicht, bietet Butler eine Basis für ihren Blick auf diejenigen Praktiken, die das vergeschlechtlichte Subjekt hervorbringen und bestätigen[13].

---

[11] Aufgrund der inhärenten Instabilität jeder sprachlichen Äußerung (die der Wiederholung bedarf um aufrechterhalten zu bleiben), kann dieses Gelingen – nach Butler – lediglich als „vorläufig erfolgreich“ (Butler 1995: 299) angesehen werden.
[12] Eine ausführliche Erörterung von Phallogozentrismus, heterosexueller Matrix und androzentristischer Bedeutungsökonomie sowie deren Relevanz in Butlers Darstellungen, findet sich in Abschnitt 4.2.2.
[13] In diesem Aspekt baut Butler auf Foucaults Analyse der Sexualität als diskursives Produkt auf und überschreitet diese zugleich. Wie in der feministischen Kritik an Foucault bereits erwähnt (vgl. Abschnitt 1.1.2), vernachlässigt Foucault die Bedeutung der bipolaren Verge-

Es geht ihr, wie sie mit einem Zitat von Foucault bekräftigt, „(...) darum, Macht dort zu studieren, wo ihre Zielrichtung, wenn sie eine hat, voll und ganz in ihrer realen und wirkungsvollen Praktik aufgeht." (Foucault[14] zit. nach Butler 1998a: 114).
Aufgrund Butlers Sprachverständnisses, dem zufolge alles Text ist, werden diese Praktiken in ihrer Perspektive zu sprachlichen Äußerungen oder performativen Akten. Den Begriff der Performativität entlehnt Butler Derridas theoretischer Wendung von Austins Performativitätsverständnis[15] (vgl. Hood-Williams et al. 1998: 75f).

> Eine performative Handlung ist eine solche, die das, was sie benennt, hervorruft oder in Szene setzt und so die konstitutive oder produktive Macht der Rede unterstreicht. (Butler 1994b: 124)[16]

In dieser Charakterisierung der Performativität bringt Butler Handlung, Sprache und Macht zusammen und verschränkt sie konzeptionell ineinander. In dieser verschränkten Form wird Macht bei Butler zur ‚performativen Macht', in der sich die Aspekte von Produktivität (sprachliche Hervorbringung), normativer Eingebundenheit (juridisches Moment) und die Vorstellung von Handlung

---

schlechtlichung. Für Butler bildet die heteronormative Zweigeschlechtlichkeit ein zentrales machtvolles epistemisches Modell, entlang dem Subjekte konstituiert werden.

[14] Im Original: Foucault, Michel (1980): Two Lectures. In: Gordon, Collin (Ed.): Power/Knowledge. Brighton. P. 97.

[15] Butler bezieht sich auf einen Performativitätsbegriff, wie ihn Derrida in „Signatur Ereignis Kontext" (1988) modifiziert. Deshalb wäre es nicht korrekt, Butlers Performativitätsbegriff, den sie vor dem Erscheinen von „Excitable Speech" (1997a) (dt. „Haß Spricht" 1998a) verwendet, direkt auf den Linguisten J. Austin zurückzuführen. Denn Austin formuliert sein Performativitätsverständis wie Hood-Williams et al. betonen, weitaus differenzierter als Butler : „(...) Austin's thesis is properly cautionary. He is not saying that all words are deeds or that deeds are reducible to words." (Hood-Williams/Harrison 1998: 77).

[16] Mit dem Erscheinen ihres Buches „Excitable Speech" 1997 nimmt Butler eine an Austin angelehnte Differenzierung ihres Performativitätsverständnisses vor. Demnach unterteilt sie Sprechakte zum einen in ‚illokutionäre Sprechakte', in denen sich Sprechen und Handeln nicht unterscheiden, so daß der „performative Akt selbst die Tat ist, welche er zum Effekt hat" (Lorey 1998b:125). Dies ist die Art des performativen Akts, der in Butlers vorangehenden Texten ausschließlich gegolten hat. Ab „Excitable Speech" führt sie Austins Begriff des ‚perlokutionären Sprechaktes' mit in ihre Betrachtungen ein. Demnach muß die Wirkung, die ein Sprechakt hat, nicht mit diesem direkt zusammenfallen (vgl. Butler 1998a: 11). Diese Verschiebung in Butlers Performativitätsbegriff erwähne ich hier nur am Rande, da Butler daraus kein grundsätzlich neues Konzept von Subjektkonstitution und Handlungsfähigkeit ableitet.

als diskursive Praktik[17] vereinigen. In der Konsequenz können diese Aspekte nicht mehr getrennt voneinander gedacht werden; in manchen Formulierungen Butlers gehen sie sogar ineinander auf. So sieht sie etwa die performative Äußerung als „ein ständig wiederholtes Handeln, das Macht in ihrer Beharrung und ihrer Instabilität *ist*" (Butler 1995: 297, kursiv im Original). Insofern realisiert sich Macht bei Butler wie bei Foucault in mikrophysischer Erscheinungsform ‚in actu'. Butlers Handlungsbegriff ist – eingelassen in die Performativität – als machtvolles, normativ reguliertes, produktives Sprechen zu verstehen. Handlungsfähigkeit als das Potential, Macht durch performative Handlungen zu realisieren, wird mit dem Erscheinen des Buches „Haß spricht" mit dem Begriff der Handlungsmacht übersetzt. Diese Begriffswahl unterstreicht den machtvollen Charakter, den Butler dem performativen Handeln zumißt und betont gleichzeitig den performativen handlungsgebundenen Charakter der Macht[18].

In ihrer Konzeption der machtvollen Performativität bezieht Butler Foucaults Machtverständnis ein, erweitert dieses aber um eine Ebene des Juridischen. In Rekurs auf Derrida sieht sie diese Macht in die Dynamik des Sprachlichen eingebunden. Damit ergänzt sie Derridas Dekonstruktion um die Komponente der Macht. Die Zusammenführung und Modifikation beider Ansätze ermöglicht es Butler, die Konstitution des Subjekts als einen normativ regulierten, machtvoll sprachlichen Prozeß zu entwerfen.

---

[17] Aufgrund ihres allumfassenden Textbegriffs, nach dem es nichts außerhalb des Sprachlichen gibt, sind nach Butler alle Praktiken als diskursiv zu verstehen. Hierin unterscheidet sie sich von Foucault, in dessen Dispositivbegriff nicht-diskursive Praktiken eingeschlossen sind.

[18] Während im englischen Original „Excitable Speech" der Begriff ‚agency' unverändert wie in Butlers vorangehenden Texten verwendet wird, ändert sich die Übersetzung des Begriffs ins Deutsche von ‚Handlungsfähigkeit' in ‚Handlungsmacht'. Nach eigener Aussage auf einer Podiumsdiskussion in der Berliner Literaturwerkstatt Pankow am 9.6.1997 hat Butler an der Übersetzung von „Excitable Speech" ins Deutsche mitgewirkt, um die adäquate Übersetzung ihrer Begrifflichkeiten sicherzustellen. Deshalb gehe ich davon aus, daß diese Ver-

4.1.2 Macht/Wissen, identifizierende Logik und die Intelligibilität des Subjekts

> *Das, was als ‚normal' und intelligibel verstanden wird, hat seine Bedeutung nur auf Kosten dessen, was damit gleichzeitig als unbedeutend, unsichtbar, unmöglich oder unnormal gilt. (Lorey 1996: 18)*

Judith Butler betont wiederholt, daß hinter der ‚performativen Macht' und den diskursiven Praktiken, in denen sie sich realisiert, kein Subjekt als InhaberIn von Macht steht. Vielmehr sieht sie das Subjekt selbst innerhalb der perfomativen Macht entsprechend eines Rasters der (kulturellen) Intelligibilität hervorgebracht.

Der metaphysischen philosophischen Auffassung zufolge bildet die Intelligibilität die Eigenschaft eines Objekts, in seiner Wahrhaftigkeit durch den Intellekt logisch erschließbar zu sein. Die Intelligibilität ist Ausdruck für die Denkbarkeit eines Objekts, in der sich dessen Existenz und dessen Wahrheit offenbaren. Dem metaphysischen Verständnis entsprechend, ist ein ‚Sein' ohne Intelligibilität nicht denkbar und damit nicht möglich. Dies bedeutet zugleich, daß es keine Existenz ohne erschließbare Wahrheit geben kann.

In den metaphysikkritischen Betrachtungen von Foucault, Derrida und Butler wird im Zuge der Ablehnung einer aus sich selbst heraus seienden Existenz gleichzeitig jede erkennbare Wahrheit zurückgewiesen. Die Intelligibilität als Existenzbedingung eines Objekts ist demnach keine invariante Gegebenheit, sondern bildet eine kontingente Größe.

In Butlers Verwendung des Begriffs der Intelligibilität finden sich Bezüge sowohl auf Foucaults Verständnis des Subjekts als Macht/Wissenskomplex, wie auch auf Derridas Theoretisierungen des identitfizierenden Denkens. Das Subjekt, welches nach Foucault als Macht/Wissenskomplex in Erscheinung tritt, verfügt über keine aus sich selbst heraus seiende Wahrheit. Vielmehr wird das Subjekt, nach Foucault, erst durch die machtvolle Bestimmung seiner Wahrheit geschaffen. Die Bestimmung dieser Wahrheit geschieht innerhalb von Normalisierungs- und Disziplinierungspraktiken, in denen ein konstitutives Wissen

---

schiebung in der Übersetzung nicht zufällig geschehen ist, sondern eben jenen Aspekt betonen soll, den ich hier herausstelle.

über das Subjekt gebildet wird[19]. Diese konstitutive machtvolle Wissensbildung entfaltet sich in Verschränkung mit der Wahrheitsfindung um die Sexualität des Subjekts. Aus Foucaults Konzeptualisierung des Subjekts läßt sich schließen, daß sich dessen Intelligibilität in Abhängigkeit zur machtvollen Wissensproduktion über das sexualisierte Subjekt formiert.
Auch in Derridas Perspektive stehen Wahrheit und Subjekt in einem konstitutiven Zusammenhang. Ihre Beziehung zueinander ist über die Subjekt-Prädikat-Objekt-Folge strukturiert. Die Wahrheit als Objekt der Erkenntnis sichert die Position des Subjekts als Erkennendes ab[20]. Diese Absicherung geschieht innerhalb der Logik des identifizierenden Denkens. Subjekt und Objekt können sich nur gegenüber stehen, weil sie eindeutig voneinander geschiedene kohärente Einheiten bilden, die mit sich selbst identisch sind. Erst diese eindeutige Grenzziehung läßt sie als erkennbare und benennbare Identitäten erscheinen. Ohne diese Voraussetzungen wären Subjekt wie Objekt im binär strukturierten Denken nicht lesbar und verstehbar, bzw. nicht intelligibel. Intelligibilität steht in dieser Sicht in Abhängigkeit zur Strukturierung des Denkens. Sie ist ein sprachlich immanenter Modus und rekurriert nicht auf eine außersprachliche intellektuell erschließbare Wahrheit.
Die von Derrida herausgestellte Bedeutung der Kohärenz und der geschlossenen Einheitlichkeit der reinen Identität für die Denkbarkeit eines Subjekts erhält in Butlers Begriff der Intelligibilität einen maßgeblichen Einfluß. Wie schon in ihrer Formulierung der Performativität ergänzt sie Derridas Perspektive unter Bezugnahme auf Foucault um die Komponente der produktiven Macht, aus der das Subjekt als ein Macht/Wissenskomplex hervorgeht. Da die machtvoll produktive Wissensbildung, die das Subjekt hervorbringt, nach Foucault immer mit dessen Sexualisierung einher geht[21], kann es aus Butlers Sicht keine kohärente Identität des Subjektes geben, die nicht sexualisiert ist. In Weiterführung von Foucault betont Butler die Bedeutung der normativ regulierten Zweigeschlechtlichkeit für die intelligible Identität der Subjekte. Die machtvolle Hervorbringung des sexualisierten Subjekts werde durch die juridischen Momente der ‚Heterosexuellen ‘ und des ‚Phallogozentrismus‘ strukturiert. Die heterosexuelle Matrix bildet ein epistemisches Regime von heterosexuell organisierten Machtverhältnissen, die die performative Hervorbringung der Zweigeschlechtlichkeit regulieren und durch die „die zwanghafte Praxis der

[19] Vgl. hierzu Abschnitt 1.2.
[20] Vgl. hierzu Abschnitt 2.1.1.
[21] Vgl. hierzu Abschnitt 1.2.2.

Heterosexualität gegensätzlich und hierarchisch definiert ist" (Butler 1991: 220). Der Phallogozentrismus bezeichnet – in Anlehnung an Irigarays Kritik an Lacan – eine „maskuline Herrschaft, die (...) ihre Wirkungskraft aus einer spezifischen Strukturierung von Sprache und Diskurs beziehe." (Ott 1998: 105). Diese Strukturierung münde in einer androzentristischen Bedeutungsökonomie, in der das Weibliche nur eine unterlegene und vom männlichen Prinzip abgeleitete Position einnehmen könne.

Um erkennbar, benennbar und verstehbar zu sein, müsse ein Subjekt eine kohärente heteronormativ regulierte Geschlechtsidentität aufweisen: Es muß eindeutig ‚weiblich' oder ‚männlich' sein. Demzufolge ist die Identität eines Subjekts nicht nur eine sexualisierte, sondern darüber hinaus gehend immer eine vergeschlechtlichte. Ein Subjekt ohne eindeutiges Geschlecht sei nach Butler nicht denkbar, was bedeute, daß solch einem Subjekt die Möglichkeit der Lebbarkeit abgesprochen werde. Die Intelligibilität eines Subjekts ist demnach von der Eindeutigkeit, Identitfizierbarkeit und Kohärenz der Geschlechtsidentität abhängig, die durch gesellschaftliche Normen reguliert wird.

> ‚Kohärenz' und ‚Kontinuität' der Person sind keine logischen oder analytischen Merkmale der Persönlichkeit, sondern eher gesellschaftlich instituierte und aufrechterhaltene Normen der Intelligibilität. (...) Der Begriff der ‚Person' selbst [sieht sich] in Frage gestellt, sobald in der Kultur ‚inkohärente' oder ‚diskontinuierliche' geschlechtlich bestimmte Wesen auftauchen (...)" (Butler 1991: 38, kursiv im Original.)

Butlers streng immanenter Sichtweise zufolge befinden sich unintelligible Subjektpositionen als konstitutive Position des ‚Anderen' der Intelligibilität im Bereich des Diskursiven. Auch wenn das Unintelligible im hegemonialen normativen Denken eine Unmöglichkeit darstellt und unentschiedene Geschlechtsidentitäten dementsprechend als nicht lebbar verstanden werden, gehört

> das ‚Undenkbare'(...) vollständig in die Kultur hinein; vollständig ausgeschlossenen ist es hingegen von der *herrschenden* Kultur. (Butler 1991: 121, kursiv im Original)

Die normativ regulierte Grenze der Denkbarkeit des Subjekts entscheidet demzufolge nicht, wie im metaphysischen Denken, über ‚Sein' oder ‚Nicht-Sein' des Subjekts. Vielmehr trennt die Grenze des Denkbaren legitime von illegitimen Subjektpositionen. Damit stellt die Intelligibilität eines Subjekts in Butlers

Perspektive ein machtvolles Gut dar, mit dem, entsprechend kultureller Normen der heterosexuellen Matrix, über die Anerkennung oder Marginalisierung eines Subjekts befunden wird.

4.1.3 Lebendige Undenkbarkeiten: Butlers Dekonstruktion des Geschlechts

> *Die Gespenster der Diskontinuität und Inkohärenz, die ihrerseits nur auf dem Hintergrund von existierenden Normen der Kohärenz und Kontinuität denkbar sind, werden ständig von jenen Gesetzen gebannt und zugleich produziert, die versuchen, ursächliche oder expressive Verbindungslinien zwischen dem biologischen Geschlecht, den kulturell konstituierten Geschlechtsidentitäten und dem „Ausdruck" oder „Effekt" beider in der Darstellung des sexuellen Begehrens in der Sexualpraxis zu errichten. (Butler 1991: 38, kursiv im Original)*

Die metaphysische Illusion des biologischen Geschlechts ist für Butler „eine derjenigen Normen, durch die ‚man' überhaupt erst lebensfähig wird, dasjenige was einen Körper für ein Leben im Bereich der kulturellen Intelligibilität qualifiziert" (Butler 1995: 22).

Diese metaphysische Illusion des Biologischen stellt sich jedoch nicht alleine durch das vermeintlich anatomisch gegebene Geschlecht her. Vielmehr bedarf es des heteronormativ regulierten Zusammenspiels aus anatomischen und sozialem Geschlecht in all seinen Aspekten, um das Biologische als ‚sinnhafte Gegebenheit' erst erkennbar werden zu lassen.

Eindeutige Weiblichkeit oder Männlichkeit werden erst lesbar, wenn auch die äußere Erscheinung (wie Kleidung und Verhalten) als weiblich oder männlich zu erkennen sind. Zudem sollte sich das Begehren auf eine(n) gegengeschlechtliche(n) PartnerIn richten und in sexuellen Phantasien und Praktiken seinen Ausdruck finden, die ebenfalls als eindeutig männlich oder weiblich klassifizierbar sind (Sedgwick 1993: 7). Andere Begehren und Phantasien gelten als perverse Schreckgespenster. Butler verweist z.B. auf das Bild der

‚phallischen Lesbe' oder des ‚verweiblichten Schwulen'. Die Verwirrung über die Geschlechtlichkeit beginnt bereits, wenn die Kleidung und das anatomische Geschlecht als nicht übereinstimmend angesehen werden – wie etwa im Fall der Travestie (Butler 1991a: 201f). Werden – wie bei Transsexuellen – das biologische Geschlecht und das soziale Geschlecht als nicht übereinstimmend wahrgenommen, dann wird davon ausgegangen, daß sich ein Geschlecht im falschen Körper befindet. Dieser Zustand ist in einer heteronormativen Gesellschaft unerträglich, weil er keinen Raum läßt für die Entfaltung von Subjektivität, Gefühlswelt und Persönlichkeit. Diese scheinbare Uneinheitlichkeit zwischen anatomischem und sozialem Geschlecht wird in unserer Gesellschaft pathologisiert und (nach eingehender medizinischer Prüfung) operativ zu korrigieren versucht. Ein Leben und eine Lebendigkeit jenseits einer Übereinstimmung von anatomischen und sozialen Geschlecht ist kaum denkbar.
Menschen ohne normativ anerkannte Geschlechtlichkeit wird ihre Integrität abgesprochen. Sie sind die Zielscheibe von Belästigungen und Übergriffen. Die uneindeutige Geschlechtlichkeit führt die Brüchigkeit und Kontingenz der als sicher geglaubten, heteronormativ vergeschlechtlichten Subjektpositionen vor Augen. Butler zufolge dienen die Aggressionen dazu, das Inakzeptable und Unverstehbare abzuwehren und zu korrigieren. Diese Aggressionen gingen bis hin zur physischen Auslöschung. Die Ermordung der New Yorker Transsexuellen Venus Extravaganza wird von Butler als solch ein Versuch der Korrektur interpretiert[22].
Butler insistiert darauf, daß es „zwischen Geschlecht, Geschlechtsidentität und ihrer Präsentation, sexueller Praxis, Phantasie und Sexualität (..) keine direkten, etwas ‚ausdrückenden' Verbindungslinien" (Butler 1996a: 31) gibt. Sowohl das biologische Geschlecht als auch die Geschlechtsidentität werden von ihr als rein diskursive Konstrukte verstanden. Ihre Dekonstruktion des Geschlechts begründet sich jedoch nicht einfach nur in einer abstrakten Zurückweisung metaphysischen Ursprungsdenkens. Vielmehr leitet sie ihre Argumentation her, indem sie die analytische Trennung zwischen dem biologischen Geschlecht ‚sex' und dem sozialen Geschlecht ‚gender' an ihre logische Grenze treibt.
Die Trennung zwischen ‚sex' und ‚gender' wurde bereits in den 70er Jahren von Feministinnen in die theoretischen Auseinandersetzungen um Geschlechterdifferenzen und patriarchaler Herrschaft eingeführt, um biologistisch be-

[22] In ihrem Film „Paris is Burning" porträtiert Jenny Livingston verschiedene Transsexuelle und Cross-Dresser und ihr Clubleben in der Stadt New York. Eine der portraitierten Transsexuellen – Venus Extravaganza – wird während der Produktion des Films ermordet im Hudson River aufgefunden.

gründete Abwertungen und Ausgrenzungen von Frauen zu entkräften. Unter dem Motto ‚Biologie ist kein Schicksal', galt es die Geschlechterhierarchie und die aus ihr resultierende soziale Ungleichheit als ein rein sozial generiertes Phänomen herauszustellen. Nicht das biologische Geschlecht entscheidet demnach über Fähigkeiten oder geschlechtsspezifische Eigenschaften. Vielmehr liegen bedeutsame Unterschiede zwischen Männern und Frauen alleine in der geschlechtsspezifischen Sozialisation begründet. Jeder kausale Zusammenhang zwischen biologischem (‚sex') und sozialem Geschlecht (‚gender') wird damit angezweifelt. Die Setzung von Zusammenhängen zwischen biologischem Geschlecht, sozialem Verhalten und Fähigkeiten wird aus dieser Perspektive als Instrument zur Absicherung patriarchaler Strukturen verstanden.
Wenn eine kausale Beziehung zwischen ‚sex' und ‚gender' nicht mehr angenommen werden kann, hat dies für Butler verschiedene Konsequenzen. Zum einen folgt aus der Unabhängigkeit von ‚sex' und ‚gender', daß es keine Begründung für die dichotome Ausprägung des sozialen Geschlechts (‚gender') gibt, selbst wenn weiterhin von einer binären Ausprägung des biologischen Geschlechts (‚sex') ausgegangen würde (vgl. Butler 1991a: 23). Wenn das soziale Geschlecht als Interpretationsmöglichkeit der morphologisch als eindeutig betrachteten geschlechtlichen Grundlage gesehen wird, gibt es keinen Grund zur Annahme, daß es nur zwei Interpretationsmöglichkeiten geben muß, die den dichotomen und polar betrachteten körperlichen Ausprägungen entsprechen. Butlers Ansicht zufolge kann ebenso von einer Vielzahl von sozialen Geschlechtern ausgegangen werden. So betont sie

> Die Geschlechtsidentität [gender im Original, S.P.] ist also weder das kausale Resultat des Geschlechts, noch so starr wie scheinbar dieses. Die Unterscheidung Geschlecht [sex, S.P.] Geschlechtsidentität [gender, S.P.] erlaubt vielmehr, die Geschlechtsidentität als vielfältige Interpretation des Geschlechts zu denken … (Butler 1991a: 22)

Wenn die Trennung zwischen den biologischen Geschlechtern und sozialen Geschlechtern radikal weitergedacht wird, folgt daraus für Butler, daß jegliche Sicherheit schwindet, aufgrund körperlicher Merkmale eine Aussage über die Geschlechtsidentität treffen zu können. In der Konsequenz kann z.B. von einem als ‚männlich' klassifizierten Körper nicht mehr auf eine ‚männliche' Identität geschlossen werden, sowie auch nicht von einem sozialen Geschlecht auf einen biologisch eindeutig bestimmbaren Körper geschlossen werden kann. Nur aufgrund des Körpers ist keine Aussage mehr darüber möglich, ob es sich um einen ‚Mann' oder eine ‚Frau' handelt. Das biologische Geschlecht verliert damit an Aussagekraft.

> Die Begriffe *Mann* und *männlich* können dann ebenso einfach einen männlichen und einen weiblichen Körper bezeichnen wie umgekehrt die Kategorien *Frau* und *weiblich*. Die radikale Spaltung des geschlechtlich bestimmten Subjekts (gendered subject) wirft freilich eine Reihe von Fragen auf: Können wir noch von einem ‚gegebenen', Geschlecht [sex, S.P.] oder von einer ‚gegebenen' Geschlechtsidentität [gender, S.P.] sprechen, ohne wenigstens zu untersuchen, *wie*, d.h. durch welche Mittel, das Geschlecht und/oder die Geschlechtsidentität gegeben sind? Und was bedeutet der Begriff ‚Geschlecht' (sex) überhaupt? (Butler 1991a: 23)

Wenn das vermeintlich eindeutige anatomische Geschlecht erst der soziokulturellen Interpretation bedarf, um Bedeutung zu erlangen, dann ist es keineswegs eine gegebene fest gefügte Größe. Da das biologische Geschlecht erst durch normativ legitimierte Praktiken Bedeutung erlangt, stellt es selbst eine performative Praktik dar und ist ein Ort der sozialen Ausformung. Butler zieht daraus folgenden Schluß:

> If the immutable character of sex is contested, perhaps this construct called 'sex' is as culturally constructed as gender; indeed, perhaps it was always already gender, with the consequence that the distinction between sex and gender turns out to be no distinction at all (Butler 1990: 7).

Mit dieser Schlußfolgerung dekonstruiert Butler das Geschlecht – sex wie gender – und weist darauf hin, daß es keine wahre gegebene Geschlechtlichkeit jenseits der sozialen Praktiken der Bedeutungszuschreibung geben kann. Mit der Übernahme des Konzepts der Mikrophysik der Macht von Foucault und in dessen Weiterführung versteht Butler auch das biologische Geschlecht als eine diskursive Praxis, die für die Subjektkonstitution von Bedeutung ist. Dabei ist jedes einzelne Individuum am Fortbestehen der machtvollen Konstruktion der kohärenten Geschlechtsidentität beteiligt.

Die diskursive Konstruiertheit des Geschlechts wie auch die Beteiligung und Handlungsmacht jeder/jedes Einzelnen an und in diesen Konstruktionen wird – so Butler – durch die Naturalisierung des Geschlechts verschleiert. Nur mit Hilfe dieser Naturalsierung entzieht sich die heteronormative Einbettung und

Durchdrungenheit des kohärenten Geschlechts jedem kritischen Blick. Das Geschlecht und mit ihm die Geschlechts-identität erscheinen als natürliche Wahrheit des Seins, als Kern der Persönlichkeit, die dem Selbst – seinem individuellen Charakter – Kontur verleihen. Doch erst die Naturalisierung stellt die untrennbare Verbindung zwischen der kohärenten Geschlechtlichkeit und der Identität des Selbst her.

In ihrem parallelen Bezug auf Derrida versteht Butler die mikrophysischen Praktiken zugleich als zitatförmige performative Akte. Geschlecht ist demnach nicht nur das, was wir tun, sondern das, was wir immer wieder tun müssen. Es ist eine Zitation, die versucht das phantasmatische Ideal des eindeutig identifizierbaren Weiblichen oder Männlichen (wieder)herzustellen.

Aufgrund der defizitären binären Logik der Sprache beinhaltet diese Zitation jedoch immer die Produktion der Verfehlung, des Inkohärenten und immer bereits Verunreinigten. Bei genauerer Betrachtung stellt sich heraus, daß es die reine bruchlose Weiblichkeit oder Männlichkeit nicht gibt und daß es sie nicht geben kann. Um die inhärenten Brüche und Verweisungszusammenhänge der Bezeichnungspraxis zu cachieren – die permanent inkonsistente Geschlechtsidentitäten hervorbringen – wird das kohärente Geschlecht als ein der Bezeichnung vorausgehender und in seinem Wesen von der Bezeichnung unbeeinflußter Referent gesetzt.

Mit Hilfe der Ontologisierung (der Setzung als Gegebenes) und Naturalisierung des Geschlechts, wird die sprachliche Fehlproduktion entsprechend heteronormativer Maßgaben zu regulieren versucht. Indem eindeutige biologische Männer und Frauen als Ausgangspunkte von Bezeichnungspraktiken erscheinen, deren Effekte sie eigentlich sind (vgl. Vinken 1993: 10), erscheinen Männlichkeit und Weiblichkeit als authentische Geschlechtsidentitäten, obwohl sie grundlose Interpretationen eines phantasmatischen Ideals von Geschlechtlichkeit darstellen.

Die Naturalisierungen und Ontologisierungen der Geschlechtlichkeit können jedoch nur durch die Ablehnung und das Leugnen der Diskontinuitäten aufrechterhalten werden, die permanent in den Mikropraktiken der Zitationen hervorgebracht werden. Butler betont, daß die Unterdrückung dieser Un-Identitäten nicht so sehr über offene Verbotsakte funktioniert. Vielmehr wird sie durch die Produktion eines Gebiets der Undenkbarkeit und Unausprechlichkeit, der Tabuisierung und Dämonisierung von inkohärenten Geschlechtlichkeiten wirksam.

> Unter der Herrschaft dessen, was Butler ‚Zwangsheterosexualität' nennt, muß das als bedrohlich erscheinen, was ihr nicht kommensurabel ist: das Andere, das Verworfene (the abject), das Nicht-Lebbare, das Nicht-Identische. Als ‚konstitutives Außen' umgrenzt es die Normalität des heterosexuellen Subjekts in eben dem Maße, in dem es als Bedrohung seiner Intelligibilität immer präsent bleiben muß. (Rebentisch 1998: 47)

Aufgrund der Kontingenz der Intelligibilität der Geschlechtsidentität, ist deren Bedeutung machtvoll durchdrungen und stellt einen Schauplatz ständiger Kämpfe um die Legitimität konformer und abweichender Geschlechtsidentitäten, Sexualitäten, sexuellen Orientierungen, Begehren, Rollen usf. dar (Hark 1992: 7). Das Unintelligible als konstitutiv verworfenes Außen

> bezeichnet hier genau jene „nicht lebbaren" und „unbewohnbaren" Zonen des sozialen Lebens, die dennoch dicht bevölkert sind von denjenigen, die nicht den Status des Subjekts genießen, deren Leben im Zeichen des „Nicht-Lebbaren" jedoch benötigt wird, um den Bereich des Subjekts einzugrenzen. (Butler 1995: 23)

Demnach gibt es eine Vielzahl von Geschlechts-Un-Identitäten, die nicht sein können, weil sie nicht sein dürfen, die jedoch gleichzeitig sein müssen, damit die legitimierte intelligible Geschlechtlichkeit als einzig wahre und mögliche erscheint.
Diese Ausgrenzung des konstitutiven Anderen – des Trans- oder Homosexuellen, des Perversen, Sonderbaren und Pathologisierten, geschieht entlang der normativen Grenze der Intelligibilität, die vorab festlegt, welche Bedingungen erfüllt werden müssen, damit ein Subjektstatus als solcher wahrgenommen werden kann. Infolgedessen bedeutet Butlers Kritik am kohärenten intelligiblen Subjekt auf der politischen Ebene eine Problematisierung von Herrschaftsverhältnissen und deren Strukturen des Ausschluß (vgl. Lorey 1996: 7). Da sich ihre Perspektive auf die heteronormative und phallogozentristisch regulierte Vergeschlechtlichung des Subjekts richtet, betreibt sie zugleich eine Patriarchatskritik.

4.2 Subjekt, Macht und Handlungsfähigkeit

> *A critical evaluation of subject formation may well offer a better comprehension of the double binds by which our emancipatory efforts occasionally lead without, in consequence, evacuation the political. (Butler 1997b: 29)*

Judith Butler sieht im Subjekt weder den Ausdruck einer Individualität, noch bildet es für sie den Ort der Identität. Das Subjekt ist nach Butler als ein ununterbrochener Bezeichnungsprozeß zu verstehen, in dem Identität, Integrität und Subjektivität als normative Kohärenzideale hervorgebracht werden. Die Subjektivierung ist heterogen und niemals abgeschlossen (vgl. Köpl 1995: 171). Die vermeintliche Stabilität des Subjektes ist das Ergebnis performativer Akte, die das Subjekt entlang des Diskurses der Autonomie und Kohärenz materialisieren und als (flüchtige) intelligible Einheit hervorbringen.
Um als Einheit in Erscheinung treten zu können, muß ein Subjekt zur Sprache gebracht werden. Als einen Subjekt-initiierenden Modus beschreibt Butler die an Althussers Interpellation angelehnte Anrufung des Subjektes. Durch die Benennung, bzw. die Namensgebung werde das Subjekt unter Anerkennung kultureller Gesetzmäßigkeiten ins Leben gerufen. In dieser Geste werde jedoch nicht nur das Subjekt inauguriert, sondern gleichzeitig eine Autorität installiert, die die Benennung ausspreche. Die Anrufung gehe dem Subjekt als performativer Akt voraus. Das „Ich“ als Zentrum des Subjekts und als Ausdruck der Individualität bedürfe einer solchen Benennung, um sich sprechen zu können.

> Das „Ich“ entsteht (...) nur dadurch, indem es gerufen wird, benannt wird, angerufen wird, um den Althusserschen Ausdruck zu verwenden, und diese diskursive Konstituierung erfolgt, bevor das „Ich“ da ist; es ist die transitive Anführung des „Ichs“. In der Tat kann ich nur in dem Maße „Ich“ sagen, in dem ich zuerst angesprochen worden bin und dieses Ansprechen meinen Platz in der Rede mobilisiert hat. (Butler 1995: 298)

Die Interpellation sei dabei „immer eine Einschreibung von Normen“ (Lorey 1995: 28) aus der das Subjekt nur als vergeschlechtlichtes hervorgehen könne, soll es intelligibel erscheinen. Die hegemonialen Normen, durch die die perfor-

mativen Akte ihre Wirksamkeit erlangten, seien wiederum auf das Subjekt angewiesen, da es sie durch seine ‚Existenz' bestätige. Hegemoniale Normen und das Subjekt befänden sich folglich in einem wechselseitigen Abhängigkeitsverhältnis (vgl. Weinbach 1998: 54).
Wie jede Bezeichnungspraxis sei auch diese Anrufung nicht dauerhaft, sondern müsse beständig wiederholt werden. Zudem beinhalte sie das Paradox, einerseits das Subjekt ins Leben zu rufen, es als solches aber auch gleichzeitig mit einer konstitutiven Unvollständigkeit oder Verletzung auszustatten. Die Anrede

> (...) verwirft im selben Atemzug die Möglichkeit einer radikalen Autonomie. In diesem Sinne wird die Verletzung bereits durch den Akt der Anrufung vollzogen, der die Möglichkeit einer Autogenese des Subjektes durchstreicht (und zugleich diese Phantasie gebiert). (Butler 1998a: 44f)

4.2.1 Das Subjekt als politische Kategorie

Das moderne Subjekt, das Autonomie und Freiheit verspricht, ist für Butler eine im höchsten Maße politisch durchdrungene Kategorie.

> Es genügt nicht zu sagen, daß das Subjekt stets im politischen Feld engagiert ist. Diese phänomenologische Formulierung verfehlt genau den Punkt, daß das Subjekt eine im voraus regulierte und produzierte Errungenschaft ist. Und als solche ist das Subjekt ein vollständig politisches Phänomen, ja, möglicherweise ist es sogar am politischsten, wenn es behauptet, der Politik selbst vorgängig zu sein. (Butler 1994a: 45f)

Butlers Anliegen ist es, herauszustellen, daß es keine Autonomie gibt, die ein Garant für die Freiheit eines humanistischen Subjekts sein könnte. Die Konstitutionsbedingungen, die das Subjekt hervorbringen, schließen die Möglichkeit der Autonomie grundsätzlich aus. In der Konsequenz stelle Autonomie keine Eigenschaft dar, die das Subjekt mit einer politischen Handlungfähigkeit ausstatte, mit der es befähigt wäre, souverän in das Feld des Politischen einzugreifen. Kein Subjekt könne der Politik als AgentIn vorausgehen, denn Handlungsfähigkeit und Subjektivität seien nach Butler bereits immer politisch institutionalisierte Privilegien, die entsprechend normativen Vorgaben zur Verfügung stünden oder verwehrt würden (vgl. Hark 1992: 19).

> (...) Handlungsfähigkeit [ist] *immer und ausschließlich ein politisches Vorrecht* (...) In diesem Sinne ist es entscheidend, nach den Bedingungen der Möglichkeiten dieser Handlungsfähigkeit zu fragen und sie nicht als eine a priori feststehende Garantie für selbstverständlich zu nehmen. (Butler 1994a: 45, kursiv im Original)

Aus diesem Grunde richtet Butler ihr Augenmerk auf die machtvollen diskursiven Verfahren, die die Autonomie und Handlungsfähigkeit der Subjekte evident erscheinen lassen. Die Vorstellung der Autonomie diene der Verschleierung der politischen Bedingungen, unter denen das moderne Subjekt hervorgebracht werde, da sie suggeriere, dem Subjekt die Kontrolle über das Politische zu garantieren. Das der Politik vorausgehende Subjekt kann, Butler entsprechend, als eine sprachliche Illusion oder auch eine Notwendigkeit des grammatikalisch strukturierten Denkens verstanden werden [1].
Butler konzipiert die Subjektivierung als „ein[en] Prozeß, der nie zum Schluß kommt, weil das Objekt eine Phantasie ist." (Kissling 1994: 97). Demzufolge stellt das Subjekt eine instabile Einheit dar, die, wie alle in der identifizierenden Logik hervorgebrachten Entitäten, unter dem permanenten Zwang steht, ihre Einheitlichkeit durch die wiederholte Grenzziehung zu ihrem konstitutiven Außen zu sichern. Deshalb geht die Subjektbildung immer mit dem Ausschluß eines Differenten einher.

> In bestimmtem Sinne konstituiert sich das Subjekt durch einen Prozeß der Ausschließung und Differenzierung, möglicherweise auch der Verdrängung, der in der Folge durch den Effekt der Autonomie verschleiert und verdeckt wird. In diesem Sinne stellt die Autonomie die logische Konsequenz einer verleugneten Abhängigkeit dar. (Butler 1994a: 44)

Butler spricht dieser Dynamik der Ausgrenzung sowohl im einzelnen Subjekt, als auch in einem Feld des Sozialen unter Subjekten Wirksamkeit zu. Damit unterliegen Intra- und Inter-Subjektive Differenzen der gleichen Konstitutionslogik. Butler geht „davon aus, daß sich Kollektivsubjekte durch die gleichen Praktiken wie Einzelsubjekte konstituieren (...)" (Lorey 1995: 95).

---

[1] In dieser Argumentation wird zum einen Butlers Nähe zu Foucaults Verständnis der Subjektkonstitution deutlich, zum anderen zeigt sich, wie sie parallel dazu Derridas dekonstruktivistische Sicht auf die Subjektposition mit in ihr Subjektverständnis einbezieht.

4.2.2 Die konstitutive Instabilität des Subjekts

Der Bezug auf die Psychoanalyse Freuds und Lacans ermöglicht es Butler, zwei Momente der Subjektwahrung mit in ihre Subjektkonstitution einzubeziehen, die die Grenzlinie der subjektiven Lebbarkeit zu schützen versuchen: Die Momente der Verdrängung und Verwerfung.
Die Selbstwahrnehmung des Subjekts als kohärente Einheit, beruhe Butler zufolge auf einer Verkennung (méconnaissance). Diese ist Ergebnis einer Verdrängung inkohärenter und unintelligibler Anteile aus dem ‚Ich', als ‚das Andere' des ‚Ichs'. In Butlers psychoanalytischer Betrachtung gehen die Wahrnehmung von Zerstückeltheit, Nicht-Integrität und Verletztheit der Imagination der Ganzheit voraus. Sie bilden den Mangel, der das Subjekt in seiner „Sehnsucht nach Vollständigkeit" (Weinbach 1998: 55) beständig antreibt, sich mit Hilfe der Verdrängung und Verwerfung dieser Inkohärenz als integre Position zu konstituieren. Dieses Projekt könne jedoch nie gelingen, da sich das Subjekt aus dem Mangel heraus konstituiere und dieser somit dessen Existenzbedingung bilde. Damit sei das Subjekt immer als ein Gespaltenes zu verstehen, das Elemente der Integrität wie der Zerstückelung in sich trage. Die Verdrängung und die Verwerfung seien Mechanismen, die den Bruch, der das Subjekt durchziehe, zu verleugnen suchten. Da das Verworfene aber unabwendbar im Bereich des Subjekts liege, müsse die Verdrängung unentwegt wiederholt werden.
In ihrem Bezug auf die Psychoanalyse und auf Derridas Theorie der Sprache findet sich die Trope der zwanghaften Wiederholung der Subjektkonstitution in Butlers Subjektverständnis zweifach untermauert wieder. Die Grenzziehung des Subjekts, die durch repetetive Zitationen, kontinuierliche Verdrängungen und wiederholte Verwerfungen abgesichert werden soll, wird aufgrund des konstitutiven Charakters des Unintelligiblen beständig unterlaufen. Aufgrund des Verweisungszusammenhangs (im Sinne Derridas) ist die Unintelligibilität als die Spur des Anderen immer schon im Subjekt vorhanden. Aus diesem Grunde beinhaltet das Subjekt-Sein unausweichlich die ständige Androhung des Verlustes des Subjektstatus (vgl. Butler 1997b: 30), denn die Verweisungszusammenhänge durchqueren die Grenzziehungen der Intelligibilität und Integrität des Subjektes.

> In diesem Sinne ist also das Subjekt durch die Kraft des Ausschlusses und Verwerflichmachens konstituiert, durch etwas, was dem Subjekt ein konstitutives Außen verschafft, ein verwerfliches Außen, das im Grunde

> genommen ‚innerhalb' des Subjekts liegt, als dessen eigene fundierte Zurückweisung. (Butler 1995: 23)

Die Grenze der Intelligibilität ist keine Außengrenze des Subjekts, sondern durchzieht es in seinem Innern und bildet ein ihm wesentliches Charakteristikum. Die dem Subjekt innewohnende Zurückweisung, die aus dem Bereich der konstitutiven Differenz hervorgeht, ist als Verdrängtes und als Überschuß (im Sinne von Derridas ‚supplément') der Subjektkonstitution in ihren Effekten nicht zu kontrollieren (vgl. Butler 1995: 24).

4.2.3 Subjektivierung und Handlungsfähigkeit als paradoxe Formen der Macht

Als Resümee der vorangegangenen Darstellung läßt sich Butlers Subjektbegriff als ein dynamisches Feld der Bezeichnung charakterisieren, in dem das konstituierte Subjekt – das ‚Ich' – in der Fluchtbewegung vor dem ihm inhärenten bedrohlichen konstitutiven ‚Anderen' in den permanenten Zirkel der Resignifikation verfällt. Der Bruch, der das Subjekt durchläuft, kann jedoch nicht überwunden werden. Die Resignifikation ist der Modus, in dem die performative Macht – verstanden als normative Bezeichnungspraxis – das Subjekt immer schon inkonsistent hervorbringt.
Diese Sichtweise bedeutet entgegen vielfacher Kritik nicht, daß Butler das Subjekt negiert.

> To refuse to assume, that is, to require a notion of the subject form the start is not the same as negating or dispensing with such as notion altogether: on the contrary, it is to ask after the process of its construction and the political meaning and consequently of taking the subject as a requirement or presupposition of theory. (1992: 4)[2]

[2] An dieser Stelle ziehe ich das Zitat aus dem Original vor, da mit der Übersetzung eine für Butlers Formulierungen unübliche Verschiebung stattgefunden hat. Dort heißt es: „Lehnen wir es hingegen ab, von Anfang an einen Begriff des Subjektes anzunehmen oder einzufordern ..." (1994a: 32). Die subjektlose Formulierung Butlers erfährt durch die Übersetzung eine grammatikalische Wendung, in der das Subjekt wieder als Ausgangspunkt von Denken und Handeln erscheint. Diese Wendung könnte als symptomatisch für die Schwierigkeit gelesen werden, jenseits der dekonstruktivistischen Subjektkritik, die keine TäterIn vor der Tat vorsieht, die Dezentrierung des Subjekts in die Tat umzusetzen.

Die Dekonstruktion des Subjekts als eine der Politik vorausgehende AgentIn bricht mit dem humanistischen Paradigma, welches das autonome Subjekt als Grundbedingung für politische Veränderungen voraussetzt. Damit löst Butler jedoch nicht die Position des Subjekts als AgentIn auf. Wie sie nachdrücklich bemerkt, geht es ihr „nicht darum, den Täter, sondern nur die Position dieses Täters ‚jenseits' oder ‚hinter' der Tat zu verabschieden (Butler 1994b: 125).
Anstatt Handlungsfähigkeit im autonomen Subjekt zu begründen, verankert Butler diese in der Bezeichnungspraxis selbst. Die sprachliche Konstituiertheit des Subjekts führt nicht zu dessen Determination, sondern bildet im Gegenteil „gerade die Vorbedingung für seine Handlungsfähigkeit" (Butler 1994a: 44).
Aufgrund der mit der Bezeichnungspraxis verbundenen Verfehlungen können die performativen Akte, die in der Bewegung der Zitation die Subjekte generieren, die normative Produktion der Subjekte bedingen. Sie können diese jedoch niemals abschließend vorherbestimmen (vgl. Butler 1995: 133). In diesem Moment der Unvorhersehbarkeit, die in den inhärentenVerfehlungen der Bezeichnungspraxis begründet liegt, verortet Butler ein strukturelles Potential der Handlungsfähigkeit.
Butler zufolge bringt die Subjektivierung das Subjekt als eine machtvolle Konstruktion im zweifachen Sinne hervor: Sie formt und unterdrückt es, ermöglicht es aber auch und stattet es mit einer Handlungsmacht aus (vgl. Butler 1997b: 15)[3]. Die Macht geht dem Subjekt voraus, so daß dieses nicht autonomer Ursprung derjenigen Macht ist, durch die es handlungsbefähigt wird. Die performative Macht ist deshalb jedoch nicht als eine eigenständige Kraft zu verstehen, die an die Stelle des Subjekts tritt. Vielmehr ist Macht nach Butler auf ein handelndes Subjekt angewiesen. In „The Psychic Life of Power" schreibt sie: „(...) for power to act, there must be a subject, but that necessity does not make the subject into the origin of power" (Butler 1997b: 203).
Das Subjekt erscheint demzufolge als eine „site of ambivalence" in der performativen Macht. In dieser ambivalenten Position ist das Subjekt sowohl passiver Effekt einer ihr vorausgehenden Macht, als auch die Bedingung für die Möglichkeit einer „radically conditioned form of agency" (ebd.). Das aktive Potential

[3] Butler greift hier eine Doppeldeutigkeit auf, die insbesondere im englischen Begriff des „subject" angelegt ist: nämlich als Subjektposition sowohl Subjekt wie Objekt der Beherrschung zu sein. Der im Englischen verwendete Begriff „subject" kann sowohl für „Subjekt" wie für „Untertan" oder „Staatsangehörige" stehen. Ethymologisch läßt sich der Begriff ‚Subjekt' auf den lateinischen Begriff „subicio" zurückführen, der sowohl „unterwerfen", als auch „sich unterwerfen" bedeutet (vgl. Maihofer 1995: 114).

der Handlungsmacht des Subjekts übersteigt die performative Macht, durch die es hervorgebracht ist – überwinden kann sie diese jedoch nicht. Die Handlungsmacht erhält dadurch ebenfalls einen doppeldeutigen Charakter.

> Agency exceeds the power by which it is enabled. One might say that the purposes of power are not always the purposes of agency. To the extent that the latter diverge from the former, agency is the assumption of a purpose unintended by power, one that could not have been derived logically or historically, that operates in relation of contingency and reversal to the power that makes it possible, to which it nevertheless belongs. This is, as it were, the ambivalent scene of agency, constrained by no teleological necessity. (Butler 1997b: 15)

Mit dieser Argumentation versteht Butler das diskursiv konstituierte Subjekt als AgentIn in einer Position, die die Gegensätzlichkeit und Ausschließlichkeit von Aktiv und Passiv, von Autonomie und Determiniertheit übersteigt.

> If the subject is neither fully determined by power nor fully determining of power (but significantly and partially both), the subject exceeds the logic of noncontradiction, is an excrescence of logic as it were. (Butler 1997b; 17)

Handlungsfähigkeit generiert sich gerade aus dem Bedeutungsüberschuß (supplément) der machtvollen performativen Bezeichnungspraxis. Wie Derrida zeigt, unterläuft dieser Bedeutungsüberschuß die binäre westliche Logik mit ihren gegensätzlichen, einander ausschließenden Polen. Butler entsprechend, bedeutet dies jedoch nicht, daß das handlungsmächtige Subjekt diese Logik hinter sich ließe. Es stellt vielmehr einen ‚Auswuchs' der Logik dar, von der es konstitutiv abhängt.

> To claim that the subject exceeds either [the power, S.P.] or [the logic of noncontradiction, S.P.] is not to claim that it lives in some free zone of its own making. Exceeding is not escaping, and the subject exceeds precisely that to which it is bound. In this sense, the subject cannot quell the ambivalence by which it is constituted. (Butler 1997b: 17f.)

Damit betont auch Butler, wie Foucault und Derrida, die diskursimmanente Verortung des Subjektes und seiner Handlungsfähigkeit. Das Subjekt kann niemals eine autonome Position einnehmen, in der es über den Diskurs, durch den es formiert wird, verfügen könnte. Das „postsouveräne Subjekt" (Butler 1998a: 198), wie Butler es in „Haß spricht" bezeichnet, verfügt über eine Handlungsfähigkeit, die es selbst nicht abschließend kontrollieren kann, die aber andererseits auch nicht vom Diskurs determiniert ist. Damit lehnt Butler ein intentionales instrumentelles Handeln nicht generell ab, betont jedoch, „daß es keine Garantie gibt, daß Instrumentalität ihre Effekte erreicht" (Butler 1994c: 9).

4.2.4 Handlungsmacht und Subversion

> *(...) die Formen des Sprechens, die sich an der Grenze zum Unsagbaren halten, versprechen, die schwankenden Grenzen der Legitimität im Sprechen zu offenbaren. (Butler 1998a: 65)*

> *Queerness ist (...) in vielfältiger Weise eine gute Allegorie für meine Theorie der Handlungsfähigkeit. (Butler 1996b: 50)*

Als ‚postsouveräne' AgentIn kann das Subjekt genau in die Momente der Wiederholung eingreifen, die zwischen der Reproduktion und der Verfehlung entstehen. So können mit Hilfe von Mikropraktiken performativer Akte absichtsvolle Bedeutungsverschiebungen erreicht werden. Diese Verschiebungen können wiederum nicht abschließend festgeschrieben werden. In diesem Zusammenhang beschreibt Butler die Subversion konkret in der affirmativen Aneignung von bedrohlichen oder erniedrigenden Benennungen.
Als solche führt sie Beschimpfungen wie ‚Perverse', ‚Lesbe', ‚Schwuler'[4] – die im Englischen unter den Begriff ‚queer' fallen – an. Diese verbalen Angriffe wirken, indem sie Personen erniedrigen, bedrohen und deren Integrität in Frage stellen. Die mit dem Begriff ‚queer' einhergehenden Erniedrigungen zielen darauf ab, Personen mit ‚inkohärenten' Identitäten, aus dem Bereich legitimer lebbarer Subjektpositionen auszugrenzen. Personen, die nicht der normativen Ge-

---

[4] Butler erwähnt in diesem Zusammenhang den Begriff ‚dykes' als eine abfällige Bezeichnung für ‚Lesben' sowie den Begriff ‚faggots' als abfällige Bezeichnung für ‚Schwule'.

schlechterkohärenz entsprechen, sind in ihrem Subjektstatus gefährdet[5]. Auf solche Weise erniedrigte Personen verlieren häufig ihre Rechte auf Unversehrtheit und werden zur Zielscheibe von Übergriffen, die über verbale Attacken hinausgehen. Wie bereits in Abschnitt 4.1.3 dargestellt, schließt dies nach Butler auch Mord als eine buchstäbliche Auslöschung eines unintelligiblen Subjektstatus mit ein.[6]

Eine affirmative Aneignung dieser Bezeichnungen durch Personen, die mit diesen Begriffen erniedrigt werden sollen, greift in den Bedeutungshaushalt der Beschimpfungen ein. Eine solches Aufgreifen der Beschimpfung wirkt nach Butler subversiv, indem es diese Bezeichnungen auf unvorhersehbare, nicht legitimierte Weise verwendet und zur positiven Identifizierung nutzt. Dies stellt Butler zufolge eine „Wiederholung der ursprünglichen Unterordnung zu anderen Zwecken, deren Zukunft zum Teil noch offen ist“ (Butler 1998a: 61) dar.

In absichtsvollen Verschiebungen können vermeintlich unlebbare Subjektpositionen als lebendig, stolz und selbstbewußt in Erscheinung treten. Dies drückt sich in Slogans wie „We are queer, we are here, get used to it!“ oder auch des „LesBiGay pride“[7] aus. Mit dem Betonen lebbarer inkohärenter und diskontinuierlicher Subjektpositionen verlieren regulierende Ideale ihre Kraft, als zwingende Normen über intelligible Subjektpositionen zu entscheiden. Naturalisierungen, die eine natürliche Geschlechterkohärenz voraussetzen, werden als Fiktion entlarvt und in ihrer Kontingenz offenbart (vgl. Butler 1991: 200). Eine solche subversive Bedeutungsverschiebung schreibt sich folglich in die machtvollen Kämpfe um die Legitimität und Intelligibilität von Subjektpositionen ein.

Subversive Strategien der Verschiebung bilden Butlers Sprachverständnis zufolge diskursive Praktiken. Sie sind ein Sprechen, das sich durch die Fähigkeit auszeichnet, mit seinem Kontext zu brechen. Solch ein Bruch mit dem Kontext findet immer innerhalb des gesetzlichen Rahmens der Sprache statt. Subversion bedeutet somit für Butler, die Möglichkeit von Verschiebungen innerhalb des Rahmens der performativen Macht auszuloten (vgl. Butler 1991: 57).

---

[5] Wie in Abschnitt 4.1.2 dargestellt, droht nach Butler mit einer unintelligiblen Geschlechtsidentität der Verlust des Status als Person.

[6] In den USA geschehen immer wieder Morde an ‚Lesben‘, ‚Schwulen‘, ‚Transsexuellen‘ und ‚transidentischen‘ Menschen, die eindeutig mit der sexuellen ‚Unkonformität‘ in Zusammenhang stehen.

[7] Der Begriff des ‚LesBiGay‘ (im Deutschen LesBiSchwul) ist eine Zusammenfügung aus lesbian, bisexual and gay, der als Abkürzung eingeführt wurde, um die einst aus der lesbisch-schwulen Bewegung ausgegrenztenten Bisexuellen mit einzubeziehen. Diese Wortneuschöpfung beinhaltet zugleich das Wortspiel von „Let’s be gay!“.

Wie aus der vorangegangenen Darstellung deutlich wird, faßt Butler die sprachimmanente Verankerung der Subversion nicht als Beschränkung auf, die „nur negative Auswirkungen" (Butler 1998a: 65) auf Handlungsfähigkeit und politische Veränderungen habe. Sie entwickelt eine zuversichtliche Perspektive, in der das ‚postsouveräne' Subjekt mit einem Potential der Handlungsmacht ausgestattet ist. Dieses Potential eröffnet Bezeichnungsspielräume, die an die Grenzen der kontrollierten Sprechweisen stoßen und darüber hinausgehen. Diese Möglichkeit liegt gerade in der Offenheit der niemals abgeschlossenen Bezeichnungspraxis begründet, in der auch die Machtkämpfe um die Intelligibilität und Legitimität des Subjekts niemals endgültig entschieden sind. Aus dieser Unentschiedenheit entwickelt Butler eine Perspektive der radikalen Zukünftigkeit politischer Veränderungen, die als Erweiterungen des Bereiches legitimer anerkannter Bezeichnungen zu verstehen sind. In „Haß spricht" formuliert Butler dies auf folgende Weise:

> Denkt man an die Welten, die eines Tages denkbar, sagbar und lesbar werden könnten, so zeigt sich, daß sich das Gebiet des sprachlichen Überlebens nur durch ein „anstößiges Vergehen" erweitern läßt, das auch die Erschließung des Verworfenen und das Sagen des Unsagbaren umfaßt. Die Resignifikation des Sprechens erfordert, daß wir neue Kontexte eröffnen, auf Weisen sprechen, die noch niemals legitimiert wurden, und damit neue und zukünftige Formen der Legitimität hervorbringen. (Butler 1998a: 65)

4.3 Identität außer Kontrolle: Die Unzulänglichkeiten der Kategorie ‚Frau' als Subjekt des Feminismus

In this „horizontal vertigo" [...] identity is this multiple layer whose process never leads to the True Self." (Trinh T. Minh-Ha 1986: 3)

My recommendation is not to solve the crisis of identity, but to proliferate and intensify this crisis. (Butler 1990a: 121)

Wie bereits in Kapitel 3 dargestellt, hat sich die feministische Identitätspolitik im Namen ‚der Frau(en)' als problematisch erwiesen. Judith Butlers feministischer Ausgangspunkt ist ebenfalls die Kritik an der einheitsstiftenden Kategorie ‚Frau'[1]. Folgt man Butlers Argumentation, so wird deutlich, daß sich diese Kritik zunächst vor dem Hintergrund der Debatte um Differenzen unter Frauen bewegt, wie sie in den USA von Third World Feminists, Women of Color, Schwarzen Feministinnen, lesbischen Feministinnen aus verschiedenen Gruppierungen und postkolonialen Feministinnen initiiert wurde[2]. So stellt auch Butler heraus, wie sehr die Kategorie ‚Frau' mit normativen Schließungen einhergeht:

> For the most part, feminist theory has taken the category of women to be foundational to any further political claims without realizing that the category effects a political closure on kinds of experiences articulable as part of a feminist discourse. (Butler 1990b: 325)

Butler nähert sich der Frage der politischen Ausschlüsse, die mit dem Einsatz der Kategorie ‚Frau' im Feminismus einhergehen, über ihre dekonstruktivistische Perspektive der Funktionsweise von Sprache. In ihrer Argumentation wie in ihrer Terminologie wird dabei immer wieder ihr Bezug zu Derrida deutlich.

---

[1] So geht sie beispielsweise im ersten Abschnitt in „Das Unbehagen der Geschlechter", der den Titel „Die ‚Frauen' als Subjekt des Feminismus" trägt, den Problemen nach, die durch die Referenz auf die Kategorie „Frau/Frauen" im Feminismus entstehen.

[2] Butlers Bezüge verbleiben in diesem thematischen Zusammenhang weitestgehend implizit. Explizit erwähnt Butler in diesem Zusammenhang vor allem G.C. Spivak und G. Anzaldua (vgl. u.a. 1990b: 325, 1991: 33 bzw. 222, 1993: 47).

Am Beispiel der Kollektividentität ‚Frau' konkretisiert Butler die sprachliche Dynamik der Verweisungszusammenhänge im Zusammenspiel von Identität und Differenz. Ausgehend von dieser theoretischen Basis nimmt sie eine „feministische Diskurskritik des feministischen Diskurses selbst" (Trettin 1992: 75) vor, indem sie feministische Strategien der Einbeziehung von Differenzen unter Frauen kritisch auf deren inhärente Ausschlußmechanismen hin überprüft.
Die Kategorie ‚Frau' stellt für Butler einen politischen Signifikanten dar, der im Gefüge einer heteronormativen Ordnung performativ generiert wird. ‚Die Frau' ist in Macht/Wissenskomplexen hervorgebracht und bildet einen permanenten Ort der Aushandlung, an dem um ihre Bedeutung und Legitimität verhandelt wird.

4.3.1 ‚Die Frau' als ambivalente Ausgangsposition feministischer Politik

Butlers Verständnis der Subjektkonstitution entsprechend ist das feministische Subjekt entlang eines Rasters der Intelligibilität generiert, das reguliert, wessen Identität die Kriterien eines Subjekts ‚Frau' erfüllt. Innerhalb dieses Rasters bildet sich das ‚Frau-Sein' im Kontrast zum ‚Mann-Sein', was zur Folge hat, daß die Kategorie ‚Frau' in einer binären ontologischen Geschlechterdifferenzierung verhaftet ist. Wird die Benennung der ‚Frau' als ein performativer Akt verstanden, zeigt sich zudem, daß der Einsatz dieser Kategorie nicht nur auf eine bipolare Geschlechtermatrix rekurriert, sondern diese gleichzeitig stützt und (re)produziert.
Der politische Einsatz der Kategorie ‚Frau' im Sinne einer feministischen Identitäts- und Repräsentationspolitik ruft somit hegemoniale regulierende Mechanismen auf, in der die ‚Frau' als das Andere des Subjekts ‚Mann' in einer hierarchischen (Unter-) Ordnung positioniert ist. Eine Politik im Namen ‚der Frau' übersteigt nach Butler nicht die Macht- und Herrschaftsstrukturen, entlang derer sie konstituiert wird. Diese Strukturen könnten – da sie für die Kategorie ‚Frau' konstitutiv sind – lediglich kritisch reflektiert werden. Hierin wird Butlers streng immanente Sichtweise deutlich, der zufolge Emanzipation niemals die Transzendenz der Macht sein kann (vgl. 1994b: 127). Das Kollektivsubjekt ‚Frau' bildet somit eine paradoxe Ausgangsposition für feministische Politik.

> Die feministische Kritik muß auch begreifen, wie die Kategorie ‚Frau(en)', das Subjekt des Feminismus, gerade durch jene Machtstruktu-

> ren hervorgebracht und eingeschränkt wird, mittels derer das Ziel der Emanzipation erreicht werden soll. (Butler 1991: 17)

In diesen Machtstrukturen produziert die performative Konstitution des feministischen Subjekts auf die gleiche Weise Ausschlüsse und Differenzen, wie sie mit jeder Subjektformierung einhergehen. Als politischer Signifikant ist ‚die Frau' immer „normative in character and, hence, exclusionary in principle" (1990b: 325). Ein politischer Umgang mit den Ausschlüssen, wie sie mit der Berufung auf das feministische Subjekt auftreten, verlangt deshalb eine kritische Reflexion der Strukturen, in die eine feministische Identitätspolitik eingebettet ist. Ohne solch eine Reflexion würden Ausschlüsse permanent unhinterfragt reproduziert und verfestigt werden. Aus diesem Grunde kritisiert Butler feministische Strategien, die über die Inklusion von Differenzen, die aus dem kategorialen Feld ‚Frau' ausgeschlossen sind, einen adäquateren Begriff der ‚Frau' zu bilden beabsichtigen.
Butler stellt heraus, daß die Strategie der definitorischen Erweiterung von einer logozentristischen Auffassung von Repräsentation ausgeht. ‚Die Frau' funktioniere dieser Vorstellung entsprechend als ein deskriptiver Signifikant, der eine gegebene Gruppe abbilden könne. Die Einbeziehung verschiedener Identitätsvariablen unter die Kategorie ‚der Frau(en)' stellt demnach eine Nachbesserung der Repräsentation der Identität einer Gruppe dar, die mit dem Zeichen ‚Frau' angemessen repräsentiert werden könnte. Aus der Annahme, die Identitätskategorie sei eine adäquate Beschreibung einer gegebenen Gruppe, leitet sich in der Konsequenz die legitime politische Vertretung all derjenigen ab, die sich unter dem Zeichen versammeln.

> (...) es wird angenommen, daß der Inhalt der Identitäten derjenigen, die unter einem Identitätszeichen versammelt wurden, nicht nur *vollständig durch das Zeichen repräsentiert* – i.S. von Darstellung –, sondern auch *legitim politisch repräsentiert* – i.S: von Delegation, Vertretung oder Verkörperung – werden können. (Hark 1996: 51, Hervorhebung S.P.)

Diesem Politikverständnis liegt eine metaphysische Vorstellung des Ideals der Identität zugrunde. ‚Die Frau' wird, diesem Ideal entsprechend, als eine kohärente isolierbare Einheit aufgefaßt, deren politische Relevanz in einer gemeinsamen Geschlechtsidentität begründet liegt, die durch eine Strategie der Inklusion kontextbezogen um weitere Identitätsvariablen ergänzt wird.

In der Konsequenz – so Butler – wird die Vorrangigkeit der Geschlechterdifferenz vor allen anderen Differenzen nicht zwangsläufig in Frage gestellt. Wie bereits in Kapitel 3 dargestellt, besteht somit die Gefahr, daß im kategorialen Feld ‚Frau' alle Differenzen neben der Geschlechterdifferenz als horizontal additiv angelagert oder aber auch vertikal hierarchisch angeordnet verstanden würden (vgl. Butler 1991: 33).
Ausgehend von ihrer sprachlogisch hergeleiteten Identitätskritik betont Butler, daß die verschiedenen Identitäten, die im kategorialen Feld der ‚Frau' erwähnt werden, niemals als isolierbare kohärente Entitäten aufgefaßt werden können, sondern immer in Vernetzungen hervorgebracht sind. Sie hebt hervor, daß

> (...) die Geschlechtsidentität in den verschiedenen geschichtlichen Kontexten nicht immer übereinstimmend und einheitlich gebildet worden ist und sich mit den rassischen, ethnischen, sexuellen, regionalen und klassenspezifischen Modalitäten diskursiv konstituierter Identitäten überschneidet. Folglich läßt sich die „Geschlechtsidentität" nicht aus den politischen und kulturellen Vernetzungen herauslösen, in denen sie ständig hervorgebracht und aufrechterhalten wird. (Butler 1991: 18)

Die Geschlechtsidentität kann demnach kein isolierbares, diskretes Merkmal bilden. In diesem Punkt wird Butlers sprachlogisches Verständnis der Unmöglichkeit, Identität als reine Entität einzugrenzen, konkret.

4.3.2 Identität als permanent verfehlte Kohärenz

Mit der Ablehnung einer Metaphysik der Substanz[3] versteht Butler Identität nicht als Ausdruck eines wesentlichen Kerns. Dieses Charakteristikum der Identität bezeichnet Butler vielmehr als „Illusion der substantiellen Identität" (Butler 1991: 43). Aufgrund ihres Sprachverständnisses wendet sie sich der Identität nicht als einem persönlichen Attribut von Individuen zu. Identität wird von ihr ausschließlich im Kontext der alles generierenden Bezeichnungsprozesse verstanden. Hierbei steht Identität als ein Begriff, ein Instrument und eine sprachliche Modalität der Vereinheitlichung im Fokus ihrer Untersuchung.

---

[3] Butlers Kritik an der Metaphysik der Substanz kann analog zu Derridas Kritik an der Metaphysik der Präsenz verstanden werden. Butler lehnt die Existenz einer aus sich selbst heraus seienden Substanz, also deren aus sich selbst erklärten Präsenz, ab.

Identität ist das Ergebnis einer Bezeichnungspraxis, die zur Herstellung sinnhafter, intelligibler Bedeutungen auf Vereinheitlichungen unter einem Signifikanten angewiesen ist. In Anlehnung an Derrida argumentiert Butler, „daß Identität immer genau das erfordert, was sie nicht dulden kann“. Demnach ist Identität immer instabil und durch das ihr äußere ‚Andere‘ verunreinigt. Die signifikatorische Praxis bringt Identität immer als eine prekäre unkontrollierbare Kategorie hervor.

> Die konstitutive Instabilität des Begriffs [Frauen], seine Unfähigkeit, jemals vollständig beschreiben zu können, was er benennt, wird genau von dem produziert, was ausgeschlossen wird, damit die Determination stattfindet. (Butler 1995: 286/7)

Die Behauptung einer bestimmbaren Identitätskategorie wie die der ‚Frau‘, die sich eindeutig von anderen Identitäten abgrenzt, ist demnach als ewig scheiternder Versuch der Festsetzung einer kohärenten Einheit anzusehen. Das Errichten einer Identität, die die Gruppe ‚der Frauen‘ adäquat zu beschreiben sucht, produziert unumgänglich Ausschlüsse, „die wiederkehren werden, um die durch Negation definierten Identitätsansprüche heimzusuchen.“ (Butler 1995: 290). In der feministischen Debatte um Differenzen unter Frauen zeigt sich die Bedeutung dieser theoretischen Analyse sehr konkret. Die Identitätskategorie ‚Frau‘ wird genau durch diejenigen in Frage gestellt, die von ihr und der Politik, die in ihrem Namen betrieben wird ausgeschlossen sind (vgl. Butler 1994a: 48f).

Eine auf die Erweiterung der Identitätskategorie ‚Frau‘ ausgerichtete Strategie, die diejenigen, die vom feministischen Diskurs ausgeschlossen sind, mit einzubeziehen sucht, ohne die Logik der Identität selbst zu hinterfragen, wird folglich immer wieder an ihren konstitutiven Grenzziehungen scheitern. Deshalb verschiebt eine Pluralisierung der Identität lediglich die Problematik, die strukturell mit der feministischen Identitätspolitik verbunden ist, anstatt sie anzugehen (vgl. Hark 1996: 54).

Daß es sich bei der Pluralisierung nicht um eine Problemlösung der Differenzproduktion handelt, die der Identitätspolitik inhärent ist, wird nach Butler daran deutlich, daß die Inklusion faktisch mit einer Auflistung all derjenigen Variablen geschieht, die in die Kategorie ‚Frau‘ mit einzubeziehen sind. Um Ausschlüsse zu vermeiden, werden Variablen wie ‚Ethnie‘, ‚Klasse‘, ‚sexuelle Orientierung‘ erwähnt, wobei am Ende solch einer Auflistung „stets ein verlegenes ‚usw.‘“ (Butler 1991: 210) gesetzt wird.

> Durch die horizontale Aufzählung der Adjektive bemühen sich diese Positionen [Theorien feministischer Identität, S.P.], ein situiertes Subjekt zu umfassen; doch gelingt es ihnen niemals, vollständig zu sein. Dieses Scheitern ist aber äußerst lehrreich, denn es stellt sich die Frage, welcher politische Impetus aus dem ‚usw.' abzuleiten ist, das so oft am Ende dieser Zeilen auftaucht. Tatsächlich ist es ebenso ein Zeichen der Erschöpfung wie ein Zeichen für den unbegrenzbaren Bezeichnungsprozeß selbst. Dieses ‚usw.' ist das *supplément*, der Überschuß, der zwangläufig jeden Versuch, die Identität ein für alle mal zu setzen, begleitet. Dennoch bietet sich dieses unbeschränkte *et cetera* als neuer Ausgangspunkt für die feministische Theorie an. (Butler 1991: 210, kursiv im Original)

Diese Unvollständigkeit verdeutlicht demzufolge das Scheitern der Bezeichnungspraxis, das phantasmatische Ideal der Identität abschließend zu erfassen. Wie bereits in Bezug auf die Handlungsfähigkeit und die Subversionsmöglichkeiten des ‚postsouveränen' Subjekts ist es wieder das Moment der Unkontrollierbarkeit, das einen Ausgangspunkt für die Entwicklung einer zuversichtlichen politischen Perspektive Butlers bildet. Die Chance und Perspektive einer veränderten Identitätspolitik, die ihre Ausschlüsse konzeptionell mit einschließt, eröffnet sich für Butler durch die Anerkennung der Unkontrollierbarkeit des bedeutungsgebenden Bezeichnungsprozesses. Angelehnt an Derridas Theoretisierung des Bedeutungsüberschusses – des ‚suppléments' – ist das *et cetera* am Ende der „endlos langen, moralisierenden Einkaufsliste von Identitäten" (Hark 1996:b 54) Sinnbild für die Unzulänglichkeiten totalisierender repräsentationslogischer Identitätseinsätze.

4.3.3 ‚Die Frau' als radikal demokratischer Begriff von Zukünftigkeit

Aufgrund ihres absoluten Textbegriffs, der keine Position außerhalb des Sprachlichen zuläßt, sieht Butler keine Möglichkeit, Repräsentationspolitik und Identitätspolitik gänzlich zu verabschieden. Sie räumt ein, daß „Bemühungen um eine Lobby ohne Rückgriff auf eine Identitätskategorie virtuell unmöglich" (Butler 1994a: 48) sind und weist auf die Notwendigkeit hin,

> politische Forderungen im Rückgriff auf Identitätskategorien geltend zu machen und Anspruch zu erheben auf die Macht, sich selbst zu benennen

> und die Bedingungen zu bestimmen, unter denen der Name zur Verwendung kommt (...). (Butler 1995: 300)

Demnach tritt Butler für eine – wenn auch veränderte – Identitätspolitik ein. Sie betont wiederholt, daß sie sich nicht generell dagegen ausspricht, politische Forderungen im Namen von ‚Frauen' zu stellen (vgl. z.B: 1994a: 48, 1995: 52). Ihre politische Strategie, mit Ausschlüssen umzugehen, die die Bildung von Identitäten begleiten, drängt auf ein verändertes Verständnis von Identität. Entgegen einer Auffassung, die in ‚der Frau' ein essentialistisch begründetes Zeichen sieht, das eine vorgängige Identität beschreibt, konzipiert Butler diese Identitätskategorie als einen leeren Signifikanten.

> Politische Signifikanten, und speziell diejenigen, die Subjektpositionen bezeichnen, sind nicht deskriptiv, sie repräsentieren also keine vorgegebenen konstitutiven Personenkreise, sondern sind leere Zeichen, die dann phantasmatische Investitionen unterschiedlicher Art tragen. (Butler 1995: 253f)

Die Bedeutung, mit der ein Signifikant belegt wird, läßt sich niemals festschreiben, sondern ist immer Gegenstand der bedeutungsverschiebenden Dynamik der Bezeichnungspraxis. Zudem besitzt ‚die Frau' als Signifikant, wie jede andere Identitätskategorie auch, keine zwangsläufige Bedeutung und ist somit potentiell für vielerlei Bedeutungen offen. Das Scheitern der Festschreibung der Bedeutung und die Offenheit des Signifikanten bilden nach Butler ein politisches Potential, auf dessen Basis eine radikal demokratische Perspektive entwickelt werden könne.

> Paradoxerweise ist das Versagen solcher Signifikanten, denjenigen konstitutiven Personenkreis vollständig zu beschreiben, den sie benennen – „Frauen" fällt einem hierbei ein –, genau das, was diese Signifikanten zu Orten phantasmatischer Investitionen und diskursiver Neuartikulation macht. Dies hält die Signifikanten für neue Bedeutungen und neue Möglichkeiten politischer Resignifikation offen. Diese offenhaltende und performative Funktion des Signifikanten scheint mir ganz wesentlich zu sein für ein radikal demokratischen Begriff von Zukünftigkeit. (Butler 1995: 254)

Jeder Essentialismus, in dem Identitäten unabänderlich festlegt scheinen, stellt für Butler einen Versuch dar, die Möglichkeit einer offenen Zukunft des Signifikanten, der eine Identität umschreibt, auszuschließen (vgl. Butler 1995: 287). Dies käme einer Stillstellung des Politischen gleich. Eine einheitliche Identitätskategorie, die als Ausdruck eines gemeinsamen Wesens verstanden würde, wäre somit Endpunkt, nicht Ausgangsbasis politischer Möglichkeiten. In dieser Sichtweise Butlers kehrt sich die Argumentation, daß die Unmöglichkeit, ein ‚Wir' des Feminismus einzugrenzen, das Ende feministischer Politik bedeute, um.

> Die Dekonstruktion der Identität beinhaltet keine Dekonstruktion der Politik; vielmehr stellt sie gerade jene Termini, in denen sich die Identität artikuliert, als politisch dar. (Butler 1991: 218)

Der „offene Horizont für die Zukunft des Feminismus" (Butler 1993: 10) – wie jeder anderen Identitätspolitik auch – werde durch eine Politik gebildet, die sich kontinuierlich mit der Ambiguität von Identität jenseits positionaler Festschreibungen auseinandersetzt. Deshalb fordert Butler „eine Politik, die die veränderlichen Konstruktionen von Identität als methodische und normative Voraussetzung begreift" (Butler 1991: 21). In Bezug auf die Identitätskategorie ‚Lesbe' argumentiert sie, daß sie die Verwendung des Begriffs auf keinen Fall „verbieten" (Butler 1996: 19) wolle. Dieses Zeichen müsse jedoch, wie alle Identitätszeichen, als strategisch vorläufiges Zeichen verstanden werden. So könne Identität zu einem Schauplatz der Anfechtungen und Revisionen werden. Auf diese Weise bliebe eine Zukunft einer Identitätskategorie garantiert, in der es ihr möglich sei, Bedeutungen anzunehmen, die in der aktuellen Verwendung der Kategorie nicht vorauszusehen seien[4]. In dieser Offenheit könnten potentielle Ausschlüsse ihren Einfluß als Differenz *in* der Identität in der Zukunft geltend machen. Mit dieser Strategie ließen sich nützliche Verwendungen von Identitätsbegriffen davor bewahren, sich in regulatorische Imperative mit starren Grenzen der Differenzbildung zu verwandeln (vgl. Butler 1996: 19). In diesem Sinne ist Butlers Perspektive auf eine doppelte Bewegung der Identitätspolitik ausgerichtet. Es geht ihr darum, eine

---

[4] In diesem Punkt bezieht sich Butler auf Ernesto Laclau und Chantal Mouffe, die das demokratische Versprechen des politischen Zeichens darin sehen, die Zukunft des Zeichens zu schützen und es damit als Schauplatz erneuter Artikulation zu bewahren. Dies böte die Möglichkeit einer zukünftigen Inklusion von Positionen, die von der Repräsentierbarkeit ausgeschlossen worden sind (vgl. Butler 1996: 24, 1995: 256).

> Kategorie anzuführen und dementsprechend eine Identität zu stiften, sie aber gleichzeitig als einen Ort der andauernden politischen Auseinandersetzung zu eröffnen. (Butler 1995: 291)

Einwänden, solch ein Identitätsverständnis würde politische Bewegungen schwächen, weil es zu einer Fragmentierung und Partikularisierung führe, hält Butler entgegen, daß der Ruf nach Einheit, wie er von der „orthodoxen Linken" geäußert werde, paradoxerweise genau jene Fragmentierungen der Linken provoziere, die weitläufig beklagt würde (vgl. 1998b: 38). Identitätspolitik, die auf einer Geschlossenheit beharre, erschwere politische Handlungsfähigkeit genau dadurch – wie Wartenpfuhl zusammenfaßt –, „daß sie mit der Setzung der Identität ihre Abhängigkeit zur antagonistischen Differenz leugnet" (Wartenpfuhl 1999: 69f). Eine Identitätspolitik dieser Art gründe auf dem labilen Fundament einer Bewegung, die keine Einheit ist.
Eine politisch erfolgversprechende Aussicht liegt nach Butler in einer Bündnispolitik, die nicht auf einer Einheit und einer „Solidarität – um jeden Preis" (Butler 1991: 35) beruht. Für eine Bündnispolitik dieser Art ist es

> gerade notwendig, die eigenen Widersprüche anzuerkennen und mit diesen ungelösten Widersprüchen zum Handeln überzugehen. Vielleicht gehört es auch zur dialogischen Verständigung, daß man die Divergenzen, Brüche, Spaltungen und Splitterungen als Teil des oft gewundenen Demokratisierungsprozesses akzeptiert. (ebd.)

4.3.4 Durch*queer*te Identitätspolitik

Als eine Identität mit reflexivem und präskriptivem Charakter führt Butler die Kategorie ‚queer' an[5], wie sie in der jüngeren Bewegung um Sexualitätspolitiken in den USA eingesetzt wird.
Die in einem subversiven Akt von marginalisierten Subjekten angeeignete Kategorie widersetzt sich dem Anspruch, kohärente (Geschlechts-) Identitäten zu

---

[5] Butler betont im Kapitel „Auf kritische Weise *queer* " (Butler 1995: 295), daß ‚queer' als ein zeitbedingter Begriff zu verstehen ist. Sie verweist darauf, daß sie ‚queer' nicht als das zusammenfassende Moment oder die Lösung der von ihr dargestellten Identitätsproblematik versteht. ‚Queer' stellt für Butler lediglich das „jüngste Moment" einer veränderten Identitätspolitik dar, einen Ausgangspunkt, von dem aus eine Weiterentwicklung stattfindet (vgl. ebd.).

repräsentieren. Im ‚queer'- dekonstruktivistischen Verständnis werden die inkohärenten Identitäten in einer vielschichtigen Verschränkung mit sozial relevanten Identitätsvariablen wie z.B. ‚Klasse' oder ‚Ethnizität' gedacht. Damit beschränken sich ‚Queer'-Sexualitätspolitiken nicht auf isolierbare Geschlechtsidentitäten. Vielmehr stellt sich ‚queer' gegen hegemoniale Raster der Intelligibilität von Identitäten.
Unter dem Zeichen ‚queer' versammelt sich keine einheitliche Gruppe. Gelebte Formen inkohärenter Identifizierungen sind in ihrer Vielfalt und Veränderlichkeit nicht unter Kategorien wie heterosexuell, lesbisch, schwul, bisexuell oder transsexuell zu fassen. Vielmehr stellt ‚queer' ein Zeichen permanenter Unabgeschlossenheit dar, von dem nicht gesagt werden kann, welche Kombinationen aus der vermeintlichen Kohärenzkette von Begehren, sexueller Praxis, Geschlechtsidentität, anatomischem Geschlecht, sexueller Objektwahl, Selbstverständnis und vielen Faktoren mehr von diesem Signifikanten zukünftig bezeichnet werden. Das politisch einigende Moment von ‚queer' ist, daß es als Zeichen gegen jede Spezifizierung steht. Die Spezifizierung von Identitäten wird als Teil von Normalisierungsprozessen (im Sinne Foucaults) betrachtet, in denen sich Herrschaftsverhältnisse, gegebenenfalls gewaltsam, realisieren[6]. ‚Queer' Politics richten sich nicht auf eine Gleichberechtigung von ‚queer' Identitäten mit heteronormativen Identitäten, da solch eine Gleichberechtigung identifikatorische Normalisierungsprozesse aufrufen würde. Statt dessen fordert sie jene Institutionen heraus, in denen kohärente Identitäten reproduziert werden.

> Because the logic of the sexual order is so deeply embedded by now in an indescribably wide range of social institutions (...) queer struggles aim not just at toleration or equal status but at challenging those institutions and accounts. The dawning realization that themes of homophobia and heterosexism may be read in almost any document of our culture means that we are only beginning to have an idea how widespread those institutions and accounts are. (Warner 1991: 7)

Die Verweigerung einer kohärenten spezifizierten (Geschlechts-) Identität ist ein höchst politisches Unternehmen, das nicht immer einfach oder widerspruchsfrei durchgeführt werden kann. So sieht Butler in der Kategorie ‚queer' auch keine

---

[6] Die ‚Queer Politics', wie sie sich anfänglich in New York City entwickelt haben, sind eine Reaktion auf zunehmende Gewalt gegen Schwule, Lesben und Transsexuelle – dem sog. ‚queer-bashing' –, das zeitgleich mit der Ausbreitung des öffentlichen Diskurses über AIDS Anfang der 90er Jahre in den USA zugenommen hat (vgl. Smyth 1992: 17).

endgültige Lösung der Problematik von Identitätspolitiken. Solch eine endgültige Lösung könne es aufgrund der Dynamik der Sprache nicht geben. Auch wenn ‚queer' eine Funktionalität in einem Zwischenraum zwischen festschreibender Bezeichnung und zukünftiger Offenheit annähme, stelle diese Kategorie letzten Endes ein Zeichen innerhalb der Sprache dar, mit dem die Gefahr von Ausschlüssen einhergehe. Deshalb sei eine „selbstkritische Dimension innerhalb des Aktivismus" (Butler 1995: 300) unablässig. So stellt Butler einen Fragenkatalog auf, mit dem der Einsatz von ‚queer' kontinuierlich zu überprüfen ist. Dieser Fragenkatalog ist meines Erachtens auf jede veränderte Identitätspolitik im Sinne Butlers zu übertragen und nicht an ‚queer' gebunden.

> Wer wird von *welchem* Gebrauch des Begriffs repräsentiert, und wer wird ausgeschlossen? Für wen stellt der Begriff einen unmöglichen Konflikt zwischen rassischen, ethnischen oder religiösen Zugehörigkeiten und sexueller Politik dar? Welche Arten politischer Inhalte werden von welchen üblichen Verwendungen des Begriffs ermöglicht und welche geraten in den Hintergrund oder werden aus dem Blick entfernt? (Butler 1995: 300)

Nur eine ständige Reflexion über Ausschlüsse bewahrt den Einsatz von ‚queer', wie jede als vorläufig verstandene Identitätskategorie, vor dem Risiko, zu einer normalisierenden Anrufung zu werden und Herrschaftsverhältnisse zu reproduzieren. So warnt Butler in Bezug auf die Verwendung von ‚queer':

> The critique of the conservative force of institutionalization ought to be kept alive as a crucial mode of self-interrogation in the rush to acquire new legitimacy. (...) For normalizing the queer would be after all its sad finish. (Butler 1994d: 21)

5. *Wer verqueert hier?* *Kritische Reflexionen zu Butlers Konzeptualisierung von Handlungsfähigkeit und Identitätspolitik*

> *(...) deconstruction is neither a magical method nor a mystical practice, and we're kidding ourselves, if we think that the work of deconstruction necessarily solves all our problems or provides all our answers. (Elam 1994: 67)*

Die Ablehnung eines autonomen, aus sich selbst heraus seienden, in sich kohärenten Subjekts führt, wie ich an den Beispielen von Foucaults Dezentrierung, Derridas Dekonstruktion und Butlers modifizierender Zusammenführung beider Ansätze aufgezeigt habe, weder zu einer Verabschiedung des Konzepts des Subjekts noch zu einer Ablehnung der Idee von Handlungsfähigkeit. Vielmehr wird Handlungsfähigkeit in Abhängigkeit von der diskursiven Hervorbringung des Subjekts neu konzeptualisiert. In diesen Ansätzen wird folglich die Vorstellung eines politisch agierenden Subjekts nicht aufgegeben. Dementsprechend ist das Politische – unter der Ablehnung des autonomen, der Politik vorausgehenden Subjekts – aus einer auf Strukturen und immanente Positionierung ausgerichteten Perspektive neu zu formulieren.
Vor dem Hintergrund der Kritik an ausgrenzenden feministischen Identitätspolitiken entwirft Butler ein Politikmodell, das den konstitutiven Charakter des Subjekts und dessen immanente Position in der performativen Macht zum Ausgangspunkt nimmt. Die Handlungsfähigkeit dieses Subjekts siedelt sie in den Verfehlungen der performativen Mechanismen an, die das Subjekt hervorbringen. Butler sieht Handlungsfähigkeit weder durch diese Mechanismen determiniert, noch bildet sie einen Garanten für die Freiheit und Autonomie des Subjekts. Wie in Foucaults und Derridas Ansätzen, stehen beide Konzepte in ihrer Ausschließlichkeit zur Beschreibung des Subjekts und seiner Handlungsfähigkeit nicht mehr zur Verfügung. Aus ihrem Konzept der Handlungsfähigkeit arbeitet Butler ein Potential der Subversion heraus. Dieses Potential besteht in der Möglichkeit, im Resignifikationsprozeß Bedeutungen absichtsvoll zu verfehlen. Parallel zu Foucaults Vorstellung, daß sich Widerstand immer innerhalb von

Macht befindet[1], betont auch Butler die Immanenz der Subversion: Die subversive Bedeutungsverschiebung bedarf des juridisch normativen Rahmens der Sprache, um sich realisieren zu können und kann diesen folglich nicht überschreiten[2].

Butler bindet das subversive Moment der Handlungsfähigkeit in ihren Entwurf von Identitätspolitik ein. Das Potential des Politischen liegt für Butler gerade in der Anerkennung der Offenheit und Prozeßhaftigkeit der Identität. Praktische politische Handlungsfähigkeit setzt demzufolge keine auf Einheitlichkeit und Authentizität rekurrierende Identität voraus. Die Proklamation von Identität als Fundament politischer Interessensartikulation und Handlungsfähigkeit müsse vielmehr als ein machtvolles Vorgehen verstanden werden, das Einheitlichkeit vorgebe, wo Uneinheitlichkeit und Inkohärenz bestünden. Die Vereinheitlichung eines Subjekts unter einer Identität stelle einen gewaltsamen Akt dar, der intra-subjektive Differenzen verdränge und inter-subjektive Differenzen ausgrenze.

Durch die absichtsvolle Verfehlung des Kohärenzideals der Identität könne dessen Kontingenz und Instabilität entgegen allen Essentialisierungen und Naturalisierungen sichtbar werden. In solch einem Vorgehen sieht Butler die Chance, der vereinheitlichenden Kraft des Identitätszeichens ihren zwingenden und gewaltsamen Charakter zu nehmen. Die Anerkennung einer ‚Identität außer Kontrolle'– eines Identitätsverständnisses jenseits definitorischer Eindeutigkeit – führe demzufolge nicht zu Unsicherheit und politischer Lähmung, sondern trage ein radikal demokratisches Potential in sich: Dem ausgrenzenden Charakter des Identitätszeichens wird ein offenes Konzept einer prozeßhaften Identität entgegengestellt, die sich jeder Festschreibung entzieht.

Butler betont jedoch wiederholt, daß ein Einsatz von Identität als offene Kategorie Ausschlüsse nicht vermeiden könne. Die sprachliche Logik von Ein- und Ausschluß sei durch die subversive durch*queer*ende Identitätspolitik nicht zu überwinden. Die Annahme, daß Ausschlüsse durch eine Strategie der Inklusion zu vermeiden wären, sei eine politisch gefährliche Illusion, durch die Ausschlüsse ins Unbenennbare verdrängt würden. Statt ihren Politikentwurf auf die Vermeidung von Ausschlüssen auszurichten, zielt Butler auf eine Veränderung von Denk- und Wahrnehmungssweisen (vgl. Wagner 1998: 74), in deren Folge sich der Umgang mit Exklusionen verändern soll. Ihr Anliegen ist, Ausschlußdynamiken anzuerkennen und sie konzeptionell in eine Interessenspolitik einzukalkulieren. Die Qualität dieses Politikentwurfs liegt in der Forderung einer bestän-

---

[1] Vgl. hierzu Kapitel 1.3.
[2] Vgl. hierzu Kapitel 4.1.1.

digen Selbstreflexivität über Ausschlüsse, die mit jeder Identitätspolitik einhergehen. Marginalisierungen, die durch die Bezeichnung scheinbar evidenter Einheiten von Identitäten entstehen, könnten erst mit solch einem Vorgehen als strukturelle Phänomene anerkannt werden. Die Notwendigkeit, Identitäten formulieren zu müssen, wäre auf diese Weise in ihrem ausgrenzenden Charakter abgeschwächt.

Butlers Entwurf von Handlungsfähigkeit und Identitätspolitik stößt in einigen Aspekten auf breite feministische Kritik. Auf einer zunächst scheinbar ‚äußerlichen' Ebene wird Butler wiederholt für ihren Sprachstil kritisiert. Trettin wirft ihr einen „prätentiösen und geschraubten Stil" (Trettin 1992: 77) vor, der nicht immer zur Verständlichkeit ihrer Texte beitrage. Butlers Ausgangsbegriffe seien zudem häufig nicht nachvollziehbar. Begriffe, wie der ‚des Sozialen' oder ‚der Gesellschaft', blieben ungeklärt (vgl. Lorey 1996: 90, Wagner 1998: 87). Die Terminologie von ‚Gesetz' und ‚Norm' sei in ihrer synonymen Verwendung undifferenziert und verwirrend (vgl. Trettin 92: 77). In dieser Unklarheit würden diese Begrifflichkeiten zu wenig aussagekräftigen Universalien (vgl. Wagner 1998: 87). „Hinzu kommt", so Wagner, „jene Potenzierung, zeitweise geradezu Manie, der Abstrakta in ihren Texten, die das Textverständnis unnötig behindert" (Wagner 1998: 89).

Die Philosophin Susan Bordo weist darauf hin, daß sich Butler eines in der Philosophie üblichen Stils, der an ein spezialisiertes philosophisches Publikum gerichtet werde, bediene. Dieser Stil ginge mit einem Ausschlußverfahren einher, das gewöhnlichen LeserInnen („ordinary readers") den Zugang zur Philosophie versperre (vgl. Bordo 1992: 173). Butlers LeserInnen müßten „über ein nicht unbedeutendes Bildungspaket verfügen" (Castro Varela 1999: 30), um ihrer Argumentation folgen zu können. In dieser Kritik wird deutlich, daß Sprache eine symbolische Ressource darstellt, auf die nicht jedes Subjekt im selben Maße Zugriff hat. Sprache ist nicht nur ein performatives Ausdrucksmittel, das aufgrund einer inhärenten binär hierarchischen Logik ausgrenzt. Vielmehr wirkt sie auch auf der Ebene von Wortwahl, sowie des Umgangs mit Grammatik und Syntax als Distinktions- und Ausgrenzungsmodus (vgl. Castro Varela & Konnuk 1995: 24f).

Ganz entgegen Butlers Engagement, Ausschlüsse zu reflektieren und die Sprache in ihrem subversiven Potential auszuschöpfen, wird Butler eine „systemkonforme" (Steffens 1995: 13) und ausgrenzende Sprache vorgeworfen. Butlers Sprachstil erscheint meines Erachtens solange widersprüchlich zu ihrem theoretischen Anliegen, wie sie sich selbst nicht als ‚Weiße', US-amerikanische Akademikerin, in kontinentaler philosophischer Tradition stehende Philosophin und

Rhetorikerin positioniert. Ohne eine solche Positionierung verfehlt Butler nicht nur ihre eigene Maßgabe der Selbstreflexivität, sondern auch eine der wichtigsten Forderungen der feministischen Debatte um Differenzen unter Frauen: Ihre Sprecherinposition, sowie die Voraussetzungen, die ihr die Dekonstruktion kategorialer Sicherheiten ermöglichen, bleiben unsichtbar. Damit entgeht Butler die Bedeutung ihrer sozialen Positionierung für die Möglichkeit, über die symbolische Ressource der Sprache zu verfügen. Die mangelnde Selbstreflexivität ihrer sprachlichen Fähigkeiten bildet einen ‚blinden Fleck', von dem aus sie schreiben kann, ohne eine Einbettung performativer Akte in soziale Verhältnisse zu betrachten. Sie berücksichtigt nicht, daß Sprache als symbolische Ressource ungleich verteilt ist, und daß die Verfügungsgewalt über diese Ressource in der sprachlich subversiven Strategie des Verschiebens von Bedeutungen eine tragende Rolle spielt. Ebenfalls ausgeblendet bleibt, welche gesellschaftlichen Verhältnisse dekonstruktivistische Identitätskritik bedingen. So trifft Steven Seidmans Kritik der mangelnden Reflexion ‚des Sozialen', die er an verschiedene dekonstruktivistische ‚Queer'-TheoretikerInnen richtet, auch auf Butler zu:

> Indeed there is no account of the social conditions (e.g. changes in the economy or state or class or racial formation) that make her own critique of identity politics possible. What social forces are producing this political and discursive pressuring on the center? (Seidman 1995: 133)

Wie in Abschnitt 4.1.1 dargestellt, formuliert Butler den Anspruch, soziale Herrschaftsverhältnisse über das Moment des Juridischen in ihre Betrachtungen einzubeziehen. Sie reduziert diese jedoch auf die sprachliche Dynamik des ‚zitatförmigen Vermächtnis' und auf das Verhältnis von hegemonialen ‚Normen' und ‚Gesetzen' zum konstituierten Subjekt. Beziehungen zwischen Subjekten und ihre Interaktionen geraten dabei außer Sicht (vgl. Kissling 1994: 95) bzw. sind nur auf die Benennung oder Nicht-Benennung eines Subjekts durch ein anderes beschränkt. Butler vernachlässigt damit die Vielfältigkeit juridischer – also einschränkender und unterdrückerischer – Momente, durch die sich soziale Herrschaftsverhältnisse strukturieren.

In Butlers Theorie ist jedes konstruierte Subjekt gleichermaßen in die diskursive Bedeutungsreproduktion eingebunden, an ihr beteiligt und durch diese handlungsbefähigt. Butler räumt Herrschaftsmechanismen ein, entlang derer bestimmte Subjekte und Identitäten legitimiert, und andere ins Unintelligible verdrängt werden. Doch die Handlungsfähigkeit als Potential des Subjekts bleibt davon unangetastet. Unintelligible Subjekte nehmen in Butlers Ansatz, in Hinblick auf subversive performative Akte, sogar eine privilegierte Position ein. Indem diese sich weigerten, eine legitimierte Intelligibilität herauszubilden, könnten sie in den machtvollen Bedeutungshaushalt der Intelligibilität eingreifen. Soziale Macht- und Herrschaftsverhältnisse, die auf die Möglichkeit wirken, das Potential der Handlungsfähigkeit (subversiv) einzusetzen, betrachtet Butler nicht. Im Kontext einer Theoretisierung des Umgangs mit Differenzen im Feminismus ist es jedoch wesentlich, zu fragen, ob die Praxis des ‚Widersprechens' oder des ‚Ver*queer*ens' durch verfehlte sprachliche Reproduktionen für alle unintelligiblen Subjekte gleichermaßen zugänglich ist. Deshalb ist anzuzweifeln, ob eine Theorie ausreicht,

> die Handlungsfähigkeit ausschließlich als die Folge des Versäumnisses erklärt, eine Norm zu wiederholen? Fragen danach, wann und warum eine Norm nicht regelgetreu zitiert wird, werden nicht berücksichtigt (...). (Kissling 1994: 98)

Butler fragt zwar, wer von welchem Gebrauch der Kategorie ‚queer' ausgeschlossen ist[3]. Sie liefert diesen Einwand jedoch nur, um den Anspruch auf Selbstreflexivität an eine ver*queer*ende Identitätspolitik zu betonen. Beantwortet wird diese Frage von ihr nicht. Meiner Ansicht nach müßte einer Antwort auf diese Frage sogleich die Frage nach den strukturellen Gründen des Ausschlusses folgen. Liegt ein Ausschluß lediglich in einer temporären Bedeutung eines Signifikanten wie z.B. ‚queer' begründet, der sich zur Zeit auf eine westliche Kultur der Homosexualität bezieht? Oder gibt es strukturelle Gründe, die bestimmte Subjekte von der Strategie der Bedeutungsverschiebung als solcher ausgrenzen? Die subversive Strategie des „Sagens des Unsagbaren" (Butler 1998: 65) und das Sprechen „auf Weisen (...), die noch niemals legitimiert wurden" (ebd.), finden innerhalb konkurrenzreicher Auseinandersetzungen um die Bedeutung von Signifikanten statt. In diesen Konkurrenzen sind symbolische und materielle Ressourcen, die auf die Handlungsfähigkeit einzelner Subjekte wirken, von erheblicher Relevanz für die Durchführung und den ‚Erfolg' von Subversionen.

Für eine konzeptionelle Einbindung der Wirkung sozialer Ungleichheit auf die Umsetzung von Handlungsfähigkeit weist Butlers Ansatz drei wesentliche Hindernisse auf. Zunächst einmal wird Handlungsfähigkeit von Butler ausschließlich als sprachlogisch hergeleitetes Potential betrachtet, das jedem Subjekt auf-

---

[3] Vgl. hierzu Kapitel 4.3.5.

grund seines konstitutiven Charakters gegeben ist. Fragen nach Möglichkeiten, dieses Potential umzusetzen, bzw. nach Bedingungen, die konkrete Handlungs*möglichkeiten* strukturieren und damit das Potential der Handlungs*fähigkeit* fördern oder behindern, stehen nicht in Butlers Forschungsinteresse. In ihrer Konzentration auf die sprachlogische Herleitung von Handlungsfähigkeit, der eine Disposition zur Subversion innewohnt, läßt Butler zudem ungeklärt, unter welchen Bedingungen performative Akte subversiv wirken und wann sie eine Affirmation darstellen (vgl. Nicholson 1995: 11).

Zweitens bildet Butlers Konzept der Performativität eine ahistorische Perspektive (vgl. Wagner 1998: 176). Aus diesem Grunde kann Butler soziale Verhältnisse als gewordene verfestigte Verhältnisse – die über bloße normative Rahmenbedingungen hinausgehen – sowie deren Wirkungen theoretisch nicht erfassen.

> Performativität als ständig wiederholtes Handeln zu denken, heißt zum einen sich zu weigern, die Vergangenheit in der Gegenwart zu sehen bzw. die Gegenwart der Vergangenheit zu überführen; heißt zum anderen, mit der Betonung der Nicht-Linearität von Zeit und der Bevorzugung der periodischen Zeit, Zeit als ein ‚So-Geworden-Sein' bzw. als ein ‚So-Werden' zu negieren. (Wagner 1998: 176f)

Das Subjekt, das einen flüchtigen Signifikanten im Prozeß der Resignifikation bildet, wird nur als Momentaufnahme greifbar. Erfahrungen und Sozialisationen von Subjekten, die ein Ergebnis von dauerhaften Prozessen sind, sowie gewachsene und verfestigte Verhältnisse zwischen Subjekten können von Butler nicht als wirkungsmächtige Instanzen in Bezug auf die Handlungsmöglichkeiten oder Handlungsbereitschaft erfaßt werden.

Zum Dritten reduziert Butler Differenz auf ein sprachliches Prinzip im binär strukturierten Mechanismus von Ein- und Ausschluß. Darin kann Differenz nur im Verweisungsverhältnis zum ‚Eigentlichen', von dem es abweicht, verstanden werden. Differenzen unter Ausgegrenzten, die aufgrund unterschiedlicher Herrschaftsachsen entstehen, sowie das Verhältnis dieser Differenzen zueinander in spezifischen Verwobenheiten kann Butler konzeptionell nicht einbinden. Nur so läßt sich erklären, daß sie – wie Villa hervorhebt –

> die immanente Verwobenheit identitätsstiftender Differenzkategorien nicht systematisch in ihren Analysen [berücksichtigt, S.P.], obwohl sie selbst explizit dafür plädiert. (Villa 1996: 157f)

Um die Relevanz von sozialen Verhältnissen für die Handlungsmöglichkeit zu erfassen, fehlen Butler Ebenen der Differenzierung, die sich aus der Dynamik des Sprachlichen alleine nicht ableiten lassen.
Auf welche Weise soziale Verhältnisse und ihre Wirkungen in eine dekonstruktivistische Sicht von Identität eingegliedert werden könnten, zeigt sich bei einer Betrachtung von Gutiérrez Rodríguez' Ansatz. Butler betrachtet ihre Analyse der Ein- und Ausschlußmechanismen, die sich mit der heteronormativen Matrix verbinden, als paradigmatisch für Ausgrenzungsmechanismen per se. Gutiérrez Rodríguez betont hingegen die Notwendigkeit der Kontextualisierung von Ein- und Ausschlußmechanismen innerhalb verschiedener Herrschaftsverhältnisse. Sprachliche Ein- und Ausschlußverfahren werden – in Rommelspachers Terminologie ausgedrückt – durch verschiedene Legitimationssysteme und deren Institutionen stabilisiert.
Gutiérrez Rodríguez, die sich mit der Verschränkung der Identitäten ‚Frau' und ‚MigrantIn' befaßt, stellt Unterschiede zwischen Herstellungsverfahren wie auch zwischen Ausschlußverfahren von vergeschlechtlichten Identitäten und ethnisierten Identitäten heraus. Sowohl die Spaltung in In- und AusländerInnen als auch die in intelligible und unintelligible Geschlechtsidentitäten lassen sich sprachlogisch aus dem dualistisch-hierarchischen Denken und dessen Ausschlußmechanismen herleiten. Die Marginalisierung von AusländerInnen wird jedoch durch Institutionen – wie etwa der Gesetzgebung – auf ein andere Weise festgeschrieben und materialisiert als die Position unintelligibler Geschlechtsidentitäten, die durch Normen kontrolliert werden (vgl. Gutiérrez Rodríguez 1996b: 169). Herrschaftsverhältnisse haken sich nicht nur in die binär hierarchische Logik der Ausgrenzung ein[4], sondern bedingen spezifische Instrumente, die Hierarchien und soziale Ungleichheiten verfestigen und soziale Verhältnisse strukturieren. Trotz der Inkohärenz und der daraus resultierenden Schwierigkeit kategorialer Eingrenzungen von Identitäten, gibt es Unterschiede zwischen den Ökonomien der Hervorbringung und der Ausgrenzung von Identitätszeichen wie z.B. ‚Frau', ‚Lesbe', oder ‚Ausländerin'.
Um diesen Differenzen konzeptionell gerecht zu werden, unterscheidet Gutiérrez Rodríguez in ihrer Untersuchung zwischen konstruierten und konstituierten Subjektivitäten (vgl. Gutiérrez Rodríguez 1999a: 59). Die Konstruktion beschreibt demnach die diskursive Hervorbringung einer Identität. Die Konstitution bezieht sich auf die verschiedenen Materialisierungen konstruierter Identitäten durch soziale Verhältnisse und Institutionen. In der Ökonomie der Aus-

[4] Vgl. hierzu Kapitel 2.2.2.

grenzung hebt Gutiérrez Rodríguez verworfene und aufgeworfene Subjekte voneinander ab (Vgl Gutiérrez Rodríguez 1998). Während Butler alle unintelligiblen Subjekte als gleichermaßen verworfen versteht, betont Gutiérrez Rodríguez eine Differenz zwischen den Ausgeschlossenen. Eine verworfene Identität, wie etwa die der ‚Lesbe', werde durch Nicht-Benennung unsichtbar gemacht und ihre Existenz werde verschwiegen. Eine aufgeworfene Identität, wie die der AusländerIn, werde durch Zuschreibungspraktiken als eine eindeutig lesbare und erkennbare Identität entworfen und z.B. durch Gesetzestexte festgeschrieben (vgl. Gutiérrez Rodríguez 1999: 95ff).

Eine Differenzierung, wie Gutiérrez Rodríguez sie vornimmt, bietet den Vorteil, eine Analyseebene einzuführen, durch die soziale Ungleichheit zwischen den konstituierten Subjekten in eine dekonstruktivistische Perspektive einbezogen werden kann. Mit dieser Differenzierung verfolgt Gutiérrez Rodríguez nicht das Anliegen, Hierarchien zwischen marginalisierten Subjekten aufzustellen. Vielmehr weist sie auf die Notwendigkeit hin, ein konzeptionelles Instrumentarium zu entwickeln, in dem unterschiedliche soziale Bedingungen der diskursiven Konstruktion, sowie deren Verschränktheiten – etwa in der Identität der ‚lesbischen Migrantin' – theoretisch erfaßt werden können. Wird dieser Einwand von Gutiérrez Rodríguez an die Strategie des Ver*queer*ens rückgebunden, wird deutlich, daß vielfältige normativ juridische, juristische und soziale Sachverhalte, die auf subversive Handlungsmöglichkeiten von konstruierten und konstituierten Subjekten wirken, eingeräumt und reflektiert werden müssen.

Ohne die Offenheit für eine Vielfalt der Sachverhalte, die auf Handlungsmöglichkeiten konstituierter Subjekte wirken, erscheint die Strategie der durch*queer*ten Identitätspolitik, wie Butler sie vorschlägt, selbst etwas ‚schwerelos'. Butlers Vorwurf gegen Foucault die „Wirkungsweise sozialer Machtstrukturen" Butler 1995: 296)[5] zu vernachlässigen, richtet sich letztlich auch gegen sie selbst. Die relative Freiheit, die eine ‚Identität außer Kontrolle' verspricht, wirkt als ein von sozialen Verhältnissen losgelöstes Ideal. Dieser Eindruck wird dadurch bestärkt, daß Butler kaum praktische Beispiele ver*queer*ender Identitätseinsätze benennt, die deren sprachlogische Herleitung konkretisieren würden.

Der Vorwurf der ‚Schwerelosigkeit' sollte jedoch nicht dazu führen, Butlers verändertes Verständnis von Politik aufzugeben, um zu einem Modell zurückzukehren, in dem sich Individuum und Gesellschaft, Subjekt und Macht erneut gegenüberstehen. Das Interessante an Butlers poststrukturalistischer Perspektive liegt gerade darin, daß sie aus der diskursimmanenten Position des Subjekts ein

[5] Vgl. Abschnitt 4.1.1.

politisches Vorgehen ableitet, das eine Aufwertung lokaler performativer Akte gegenüber übergreifenden Strategien vornimmt. In diesem Punkt trifft sie sich mit Foucaults Auffassung, in der er die Wirksamkeit mobiler transitorischer Widerstandspunkte in lokalen Machtbeziehungen betont (vgl. Foucault 1997: 116ff)[6].

Diese auf die mikrophysische Wirkung der Macht ausgerichtete Strategie beinhaltet nicht – wie vielfach beklagt – , daß eine Kritik an übergreifenden Strukturen wie z.B. Kapitalismus, Ethnozentrismus, Patriarchat und Heterosexismus aufgegeben werden müsse. Vielmehr sind poststrukturalistische Ansätze darauf ausgerichtet, die diskursive Verankerung solcher Strukturen etwa in Subjektformationen, im Wissen oder in Naturalisierungen aufzuspüren. Dabei werden diese diskursiven Rahmenbe-dingungen nicht mehr als linear wirkende Ursachen oder Ursprünge von Macht verstanden. Innerhalb der Mikrophysik der Macht realisieren sich diese vielmehr über die Formation normalisierter Subjekte und deren (re)produktiv diskursive Praktiken. Deshalb bildet die Subjektposition – und nicht Institutionen – den Ausgangspunkt für eine Strategie der Veränderung struktureller Verhältnisse. Butlers Perspektive ist darauf angelegt, die Handlungsmacht jedes einzelnen Subjekts und seine machtvolle Beteiligung an diskursiven Reproduktionen wahrzunehmen und zu nutzen. Damit entwickelt sie eine politische Strategie jenseits der Polarität von Macht und Ohnmacht, Herrschenden und Beherrschten. Die Attraktivität dieses Ansatzes liegt in der ‚respektlosen' Verweigerung konformer Reproduktionen, die gleichzeitig das Gefühl einer Selbstbemächtigung und einer Freiheit von kategorialen Festschreibungen vermittelt. Das Ideal hinter der ver*queer*enden Politik ist die erfolgreiche Entlarvung von kontingenten Setzungen, so daß herrschaftstragende Institutionen, die sich auf Essentialismen stützen, in Legitimationsnöte gebracht werden können.

Mit der Darstellung der Freiheiten und der Selbstbemächtigung des einzelnen Subjekts in der Praxis des subversiven Ver*queer*ens wird jedoch eines deutlich: Ohne eine Rückbindung dieser Strategie an die vielfäl-tigen normativ juridischen, sozialen, rechtlichen und materiellen Momente, die auf Handlungsmöglichkeiten wirken, droht sich das subversive Potential von ‚Queer'-Politics in neoliberale Rhetoriken von Selbstverwirklichung und Freiheit des Subjekts einzupassen. Nun verbindet sich mit Judith Butlers ‚queer'-theoretischem Ansatz ein grundlegend anderes Subjektverständnis als mit neoliberalen Sichtweisen. Wie dargestellt gibt es für Butler kein Individuum, das sich entsprechend seiner

[6] Vgl. hierzu auch Kapitel 1.3.

Bedürfnisse nach rationalen Abwägungen selbst verwirklicht. Doch gerade weil sie die Subjektivierung als Ausgangspunkt diskursiver Reproduktion und Subversion vorschlägt, bedarf ihre Analyse weiterer Differenzierungen.
Die Erfassung der Verschachtelung verschiedener Identitätspositionen, wie z.B. Klasse, Geschlecht, kulturelle Zugehörigkeiten, sexuelle Orientierung, Alter, Bildung, körperliche Verfassung usw., sowie das Zusammenwirken von Konstruktion und Konstitution (im Sinne von Gutiérrez Rodríguez) ist ein sehr komplexes Unterfangen. Sie stellt eine Herausforderung an Politikentwürfe und sozialwissenschaftliche Konzepte dar, die ohne Bezug auf strukturelle soziale Ungleichheiten nicht befriedigend in Angriff genommen werden kann. Auch wenn diese vielfältigen Verschränkungen in ihren Bedeutungen nicht abschließend bestimmt werden können, sollten die unterschiedlichen Wirkungsmächtigkeiten differenter Identitätspositionen zumindest konzeptionell in eine Theorie der Handlungsfähigkeit einbezogen werden. Nur so kann verfestigten Ausschlüssen – die nicht alleine durch eine radikale Offenheit von Identitätszeichen zu überwinden sind – Rechnung getragen werden.
Im Sinne der Maßgabe der beständigen Selbstreflexivität des Politikverständnisses ist es zudem unerläßlich, zu fragen, auf welche diskursiven Grundlagen und strukturellen Bedingungen die Strategie des Ver*queer*-ens identifikatorischen Denkens rekurriert und welchen Normalisierungsrhetoriken sie zuspielt. Insofern wäre Butlers identitätspolitischer Entwurf selbst einer Diskursanalyse zu unterziehen. Eine solche Prüfung müßte eine soziale, geo-politische und historische Einordnung ihres Ansatzes beinhalten. Dies gäbe den Blick frei auf unreflektierte Ausgangspunkte ihres theoretischen Entwurfs. Nur auf diese Weise ließe sich Aufschluß darüber gewinnen, wer aus welchen Gründen von der Strategie des Ver*queer*ens angesprochen wird und wer ausgeblendet bleibt.
Bei der Bewertung von Butlers *queer*politischer Strategie sollte berücksichtigt werden, daß diese innerhalb eines westlichen, kapitalistischen Kontextes formuliert ist. Butler orientiert sich an einer Auseinandersetzung um Geschlechtsidentitäten vor dem Hintergrund der Kritik an abendländischen philosophischen Vorstellungen. In diesem Kontext hat ‚Queerness' als ein Konzept kategorialer Unbestimmtheit eine gewisse Intelligibilität erlangt. Zum einen ist dies daran zu ersehen, daß ‚Queer' inzwischen einen Marktwert hat[7]. Zum anderen sind un-

---

[7] Castro Varela weist darauf hin, daß die alljährliche New Yorker Christopher-Street-Day Parade der ‚LesBiGaytranssexual/transgenders' von der Zigarettenmarke ‚West' gesponsort wird (Castro Varela 1999: 36).

eindeutige Identitäten, Sexualitäten sowie Lebens- und Beziehungsformen – wenn auch nicht gänzlich jenseits von Diskriminierungen und Konflikten – in einigen kulturellen Bereichen benenn- und lebbar geworden. Soll mit der radikalen Zukünftigkeit und Offenheit identifikatorischer Zeichen ernst gemacht werden, ist neben einer Aufmerksamkeit dafür, wo das unbenennbare ausgegrenzt wird, auch immer ein Blick darauf notwendig, unter welchen Bedingungen das Unlebbare lebbar wird und welche Un/Lebbarkeiten sich realisieren. Die Struktur dieser kulturellen Bereiche – etwa ihre Schichtspezifik oder ethnische Zusammensetzungen – sollte Bestandteil der beständigen Reflexivität sein.
Ich habe diese Arbeit mit einem Beispiel aus feministischer Praxis von vor rund 10 Jahren begonnen und werde sie mit Beispielen aus der feministischen Gegenwart schließen. Im Zusammenspiel von sozialer Bewegung und feministisch theoretischem Paradigmenwechsel sind – wie in vielen Frauenprojekten – auch in dem eingangs Erwähnten, die selbstverständlichen Bezüge auf ein Gemeinsames ‚Wir' sehr viel weniger geworden. Nach dem anfänglichen Enthusiasmus des gemeinsamen Erschaffens von Frauenräumen, stellten sich nach und nach die Unterschiede untereinander heraus. Was hatten ‚wir' außer der Nutzung dieser Räume gemeinsame? Inzwischen ist die erkenn- und benennbare Vielfalt der Frauen, die sich in diesem Projekt aufhalten, deutlich größer geworden. Es arbeiten beispielsweise mehr MigrantInnen dort. Diese Veränderungen sind jedoch das Ergebnis einer nachlassenden Geschlossenheit der ‚Besetzerinnen' dieser Räume untereinander. Sie sind weniger ein Ergebnis einer kritischen Reflexion von Ausschlußmechanismen und einer bewußten Entscheidung für mehr Offenheit. Folglich wurden und werden vielfältige Grenzziehungen zwischen Frauen nicht bewußt thematisiert. Hier besteht noch immer Handlungsbedarf.
Doch selbst dort, wo feministische Theorie und Praxis explizit auf feministisch-poststrukturalistische und ‚queer'-theoretische Ansätze Bezug nimmt, finden gerade aus dem Gedankengang der Kritik an katego-riealen Festschreibungen und Grenzziehungen, Ausblendungen statt. Unlängst nahm ich an einer Diskussionsrunde teil, in der eine Auseinandersetzung über feministische Perspektiven vor dem Hintergrund der Dekonstruktion von Identitätskategorien stattfinden sollte. Die zentrale Frage des Abends war, wie feministische Theorie und Praxis jenseits eines essentialistischen Identitätsverständnisses zu denken sei. Aus dieser Runde wurde die Kritik aufgeworfen, das diejenigen, die über dieses Thema verhandelten und die zur Diskussion eingeladen worden waren, alles ‚Weiße', deutsche Akademikerinnen zwischen 30 und 45 Jahren seien. Dieser Kritik wurde von ‚Queer'-Theoretikerinnen entgegnet, daß selbst bei einer gemeinsamen Zugehörigkeit zur gehobenen Mittelschicht und zu einer Altersgruppe, diese

letztlich irrelevant sei. Die Differenzen innerhalb dieser Gruppe seien so vielfältig, daß jede Gemeinsamkeit ihre Bedeutung verlöre.
An die Stelle der mangelnden Reflexion über Ausblendungen von Differenzen aufgrund einer postulierten Gemeinsamkeit (‚Wir Frauen'), tritt mit solch einer Argumentation eine mangelnde Reflexion über die eigene Positionierung in Bezug auf sozial relevante strukturelle Differenzen – gerade weil auf ein ‚Wir' verzichtet wird. Wenn mit der Konzentration auf Heterogenität sozial konstruierte aber strukturell verfestigte Homogenitäten ausgeblendet bleiben, wird jede Auseinandersetzung mit privilegierenden Subjektpositionen verdrängt. Eine wirkliche Selbstreflexivität wird damit ausgeschlossen. Dies zeigt, daß der Verzicht auf ein ‚Wir' allein feministische Theorie und Praxis nicht weniger exklusive werden läßt.
Das politische Potential von ‚queer' – oder jedes anderen Zeichens, das für den Bereich der kategorialen Uneindeutigkeit steht und das als Symbol für die Eröffnung von subversiven Handlungsspielräumen fungiert[8] – kann nur wachgehalten oder erweitert werden, wenn die Protagonisten dieser Räume nicht nur in Hinblick auf ihre Differenzen, sondern auch auf ihre – brüchigen aber dennoch sozial relevanten – Zugehörigkeiten betrachtet werden.

---

[8] Als Bezeichnung solcher Räume der Uneindeutigkeit finden sich beispielsweise in der postkolonialen Theorie die Begriffe der „Hybridität" oder des „Third Space" (vgl.Bhabha 1994, Hall 1994)

Literaturverzeichnis

Annuß, Evelyn (1996): Umbruch und Krise der Geschlechterforschung: Judith Butler als Symptom. In: Das Argument 216, 38 Jg., Heft 4, 1996. S. 505-524.

Bhabha, Homi K. (1994): The Location of Culture. London, New York: Routledge

Bartky, Sandra Lee (1988): Foucault, Femininity, and the Modernization of Patriarchal Power. In: Diamond, Irene and Lee Quinby (Eds.). P. 61-86.

Bauhardt, Christine und Angelika von der Wahl (Hg.) (1999): Gender and Politics. „Geschlecht" in der feministischen Politikwissenschaft. Opladen: Leske + Budrich.

Beardworth, Richard (1996): Derrida and the Political. New York, London: Routledge.

Benhabib, Seyla; Butler, Judith; Cornell, Drucilla und Nancy Fraser (1994): Der Streit um Differenz. Feminismus und Postmoderne in der Gegenwart. Frankfurt a.M.: Fischer.

Benhabib, Seyla (1994): Feminismus und Postmoderne. Ein prekäres Bündnis. In: Benhabib, S.; Butler, J. et al. (1994). S. 9-30.

Bordo, Susan (1992): Postmodern Bodies, Postmodern Subjects. In: Feminist Studies, Vol. 18, Spring 1992. P. 159-175.

Boyne, Roy (1990): Foucault and Derrida. The Other Side of Reason. London: Unwin Hyman.

Braidotti, Rosi (1989): Envy: Or With Your Brains and My Looks. In: Jardin, Alice et al. (Eds.): Men in Feminism. London, New York: Routledge. P. 233-241.

Braidotti, Rosi (1994): Gender und Post-Gender. Die Zukunft einer Illusion? In: Materialienband 14, Frankfurter Frauenschule. S. 7-30.

Brooks, Ann (1997): Postfeminisms: Feminism, Cultural Theory, and Cultural Forms. London, New York: Routledge.

Bubeck, Ilona (1993): Eine neue bürgerliche Fauenbewegung? In: Hügel, Ika et al. (Hg.) (1993). S. 33-42.

Bührmann, Andrea (1995): Das authentische Geschlecht. Die Sexualitätsdebatte der neuen Frauenbewegung und die Foucaultsche Machtanalyse. Münster: Westfälisches Dampfboot.

Butler, Judith (1990a): Gender Trouble. Feminism and the Subversion of Identity. New York, London: Routledge.

Butler, Judith (1990b): Gender Trouble, Feminist Theory, and Psychoanalytic Discourse. In: Nicholson, Linda (Ed.): Feminism/Postmodernism. New York, London: Routledge. P. 324-340.

Butler, Judith (1991): Das Unbehagen der Geschlechter. Frankfurt a. M.: Suhrkamp.

Butler, Judith (1992): Contingent Foundations: Feminism and the Question of „Postmodernism". In: Butler, Judith and Joan W. Scott (Eds.): Feminists Theorize the Political. New York, London: Routledge. P. 3-21.

Butler, Judith (1993): Ort der politischen Neuverhandlung. Der Feminismus braucht „die Frauen", aber er muß nicht wissen, „wer" sie sind. In: Frankfurter Rundschau, 27.10.93. S. 10.

Butler, Judith (1994a): Kontingente Grundlagen: Der Feminismus und die Frage der „Postmoderne". In: Benhabib, Seyla et al. ,(1994). S. 31-58.

Butler, Judith: (1994b): Für ein sorgfältiges Lesen. In: Benhabib, Seyla et al. (1994). S. 122-132.

Butler, Judith (1994c): Discourse is not Life, its Time is not Yours. Interview mit Judith Butler, geführt Sebeth Buchmann, Jörg Heiser und Juliane Rebentisch. In: A.N.Y.P. Die Zeitung für 10 Jahre. Nr. 6/1994. S. 8-9.

Butler, Judith (1994d): Against Proper Objects. In: Differences. A Journal of Feminist Cultural Studies. Vol. 6, Summer Fall 1994. P. 1-26.

Butler, Judith (1995): Körper von Gewicht. Berlin: Berlin Verlag.

Butler, Judith (1996a): Imitation und die Aufsässigkeit der Geschlechtsidentität. In: Hark, Sabine (Hg.) (1996): Grenzen lesbischer Identitäten. Berlin: Querverlag. S. 15-37.

Butler, Judith (1996b): Zwischen den Fronten. Judith Butler im Interview mit Simone Meier. In: Freitag, Nr. 32, 2.8.1996. S. 49-50.

Butler, Judith (1997a): Excitable Speech. A Politics of the Performative. New York, London: Routledge.

Butler, Judith (1997b): The Psychic Life of Power. Theories in Subjection. Stanford: Stanford University Press.

Butler, Judith (1998a): Haß spricht. Berlin: Berlin Verlag.

Butler, Judith (1998b): Merely Cultural. In: New Left Review. Nr. 227, 1998. P. 33-46.

Cain, Maureen (1993): Foucault, Feminism and Feeling. In: Ramazanoglu, Caroline (Ed.): Up against Foucault. London, New York: Routlege. P. 73-96.

Castro Varela, Maria del Mar (1999): Queer the Queer! Queer Theory und politische Praxis am Beispiel Lesben im Exil. In: beiträge zur feministischen theorie und praxis, 22. Jg., (1999), Heft 52. S. 29-40.

Castro Varela, Maria del Mar und Kader Konnuk (1995): Die andere Frau (wider)spricht. In: beiträge zur feministischen theorie und praxis, 18. Jg. (1995), Heft 40. S. 25-32.

Culler, Jonathan (1988): Dekonstruktion. Derrida und die poststrukturalistische Literaturtheorie. Reinbek.

Curti, Lidia (1991): What is Real and What is Not: Female Fabulations in Cultural Analysis. In: Grossberg, Lawrence et al., (1991) (Eds). P.134-153.

Derrida, Jacques (1987): Jacques Derridas Randgänge der Philosophie. Derrida im Interview, geführt von Peter Engelmann. In: Bernard, Jeff (Hg.) Semiotica Austriaca. Wien: Passagen. S. 107.

Derrida, Jacques (1988): Signatur Ereignis Kontext. In Ders. (1988): Randgänge der Philosophie. Wien: Passagen. S. 291-314.

Derrida, Jacques (1991a): Letter to a Japanese Friend. In: Peggy Kamuf (Ed.): A Derrida Reader: between the blinds. New York: Columbia University Press. P. 269-276.

Derrida, Jacques (1993a): Die différance. In: Engelmann, Peter (Hg.) (1993): Postmoderne und Dekonstruktion. Stuttgart: Reclam. S. 76-113.

Derrida, Jacques (1993b):Die Struktur, das Zeichen und das Spiel im Diskurs der Wissenschaften vom Menschen. In: Engelmann, Peter (Hg.) (1993). S. 114-139.

Derrida, Jacques (1995): Marx‘ Gespenster. Frankfurt a.M.: Fischer.

Derrida, Jacques (1997): Die Einsprachigkeit des Anderen oder die Prothese des Ursprungs. In: Haverkamp, Anselm: Die Sprache der Anderen. Frankfurt a.M.: Fischer. S. 15-42.

Diamond, Irene and Lee Quinby (Eds.) (1988): Feminism and Foucault. Reflections on Resistance. Boston: Northwestern University Press.

Diotima, Philosophinnengruppe aus Verona (Hg.) (1989): Der Mensch ist zwei. Das Denken der Geschlechterdifferenz. Wien: Wiener Frauenverlag.

Dreyfus, Hubert L. und Paul Rabinow (1994): Michel Foucault. Jenseits von Strukturalismus und Hermeneutik. Weinheim: Bletz.

Duden, Babara (1993): Die Frau ohne Unterleib. Zu Judith Butlers Entkörperung. Ein Zeitdokument. In: Feministische Studien , 11. Jg., Nov. 1993, Nr.2. S. 24-33.

Elam, Diane (1994): Feminism and Deconstruction. Ms. en abyme. London, New York: Routledge.

Engelmann, Peter (1993): Postmoderne und Dekonstruktion. Texte französischer Philosophen der Gegenwart. Stuttgart: Reclam.

FeMigra (Feministische Migrantinnen, Frankfurt) (1994): Wir, die Seiltänzerinnen. In: Eichhorn, Cornelia und Sabine Grimm (Hg.): Gender Killer. Berlin, Amsterdam: Ed.ID-Archiv. S. 49-64.

Fink-Eitel, Hinrich (1992): Foucault zur Einführung. Hamburg: Junius.

Fink-Eitel, Hinrich (1994): Die Philosophie und die Wilden. Hamburg: Junius.

Fischer, Ute Luise; Kampshoff, Marita; Keil, Susanne und Mathilde Schmidt. (Hg.) (1996): Kategorie: Geschlecht? Empirische Analysen und feministische Theorien. Opladen: Leske +Budrich.

Flax, Jane (1990): Postmodernism and Gender Relations in Feminist Theory. In: Nicholson Linda (Ed.) (1990). P. 39-62.

Foucault, Michel (1967): Nietzsche, Freud, Marx. Paris.

Foucault, Michel (1969): Wahnsinn und Gesellschaft. Frankfurt a. M.: Suhrkamp.

Foucault, Michel (1987): Die Intellektuellen und die Macht. In: Seitter, Walter (Hg.) (1987): Von der Subversion des Wissens. Frankfurt a. M.: Fischer. S. 106-115.

Foucault, Michel (1978): Dispositive der Macht. Über Sexualität, Wissen und Wahrheit. Berlin: Merve.

Foucault, Michel (1990): The History of Sexuality. An Introduction. Vol 1. New York: Vintage.

Foucault, Michel (1993): Einleitung zu "Der Gebrauch der Lüste". In: Engelmann, Peter (Hg.) (1993). S. 244- 274.

Foucault, Michel (1994a): Überwachen und Strafen. Die Geburt des Gefängnisses, Frankfurt a.M.: Suhrkamp.

Foucault, Michel (1994b): Das Subjekt und die Macht. In: Dreyfus, H. L. und P. Rabinow (1994). S. 243-261.

Foucault, Michel (1995): Archäologie des Wissens. Frankfurt a.M.: Suhrkamp.

Foucault, Michel (1997): Der Wille zum Wissen. Sexualität und Wahrheit. Bd. I. Frankfurt a.M.: Suhrkamp.

Foucault, Michel (1998): Die Ordnung des Diskurses. Frankfurt a.M: Fischer

Fraser, Nancy (1994): Widerspenstige Praktiken. Macht, Diskurs, Geschlecht. Frankfurt a.M.: Suhrkamp.

Fraser, Nancy (1999): „More a time for reflection than for militant action". Interview geführt von Alexandra Scheele. In: femina politica, 8 Jg., (1999), Heft 1. S. 100-105.

Gehring, Petra (1994): Innen des Außen - Außen des Innen. Foucault, Derrida, Lyotard. München: Fink.

Genschel, Corinna (1996): Fear of the Queer Planet. Dimensionen lesbisch-schwuler Gesellschaftskritik. In: Das Argument 216, 38 Jg., (1996), Heft 4. S. 505-524.

Gildemeister, Regine und Angelika Wetterer (1992): Wie Geschlechter gemacht werden. Die soziale Konstruktion der Zweigeschlechtlichkeit und ihre Reifizierung in der Frauenforschung. In: Knapp, Gudrun-Axelie und Angelika Wetterer, (Hg.):

Traditionen Brüche. Entwicklungen feministischer Theorie. Freiburg: Kore. S. 201 – 254.

Gottfried, Heidi (Hg.) (1996): Feminism and Social Change. Bridging Theory and Practice. Urbana and Chicago: University of Illinois Press.

Grimshaw, Jean (1993): Practices of freedom. In: Ranazanoglu, Caroline (Ed.) (1993): Up against Foucault. Exporations of some Tensions between Foucault and Feminism. London, New York: Routledge. P. 51 - 72.

Grossberg, Lawrence; Nelson, Cary and Paula Treichler (Eds.) (1992): Cultural Studies. New York, London: Routledge.

Grosz, Elizabeth (1995): Space, Time, and Perversion. Essays on the Politics of Bodies. New York, London: Routledge.

Gümen, Sedef (1997): Grenzziehungen zwischen Frauen in der Einwanderungsgesellschaft BRD. In: Rehberg, Karl-Siegbert (Hg.): Differenz und Integration. 28. Kongreß der deutschen Soziologie. Opladen, S. 127-131.

Gümen, Sedef (1996): Die sozialpolitische Konstruktion „kultureller" Differenzen in der bundesdeutschen Frauen- und Migrationsforschung. In: beiträge zur feministischen theorie und praxis, 19. Jg., (1996), Heft 42. S. 77-89.

Gümen, Sedef (1995): Zum Problem und den politischen Folgen einer ausschießlichen Geschlechterorientierung in der Frauenforschung. In: Institut für feministische Theorie und Praxis, S. 32-37.

Gümen, Sedef (1994): Differenz, Ungleichheit und Demokratie im bundesdeutschen und US-amerikanischen feministischen Diskurs. In: Frauenanstiftung e.V. (Hg.): Demokratie und Differenz. Feministische Bündnispoilitk auf dem Wege zu einer Zivilgesellschaft. Hamburg, S.21-32.

Gutiérrez Rodríguez, Encarnación (1996a): Migrantinnenpolitik jenseits des Differenz- und Identitätsdiskurses. In: beiträge zur feministischen theorie und praxis, 19Jg., (1996), Heft 42. S. 99-111.

Gutiérrez Rodríguez, Encarnación (1996b): Frau ist nicht gleich Frauen, nicht gleich Frau ...Über die Notwendigkeit einer kritischen Dekonstruktion in der feministischen Forschung. In: Fischer, Ute L. et al. (Hg.) (1996). S. 163-190.

Gutérrez Rodríguez, Encarnación (1999): Intellektuelle Migrantinnen. Subjektivitäten im Zeitalter von Globalisierung. Opladen: Leske + Budrich.

Gutiérrez Rodríguez, Encarnación (1999a): Zur Ethnisierung von Geschlecht. In: Das Argument 229, 41. Jg., (1999), Heft 1. S. 53-61.

Haas, Erika (Hg.) (1995): Verwirrung der Geschlechter: Dekonstruktion und Feminismus. München & Wein: Profil.

Hagemann-White, Carol (1988): Wir werden nicht zweigeschlechtlich geboren... . In: Dies. und Maria S. Rerrich (Hg.): FrauenMännerBilder. Bielefeld: AJZ. S. 224-235.

Hall, Stuart (1994): Rassismus und kulturelle Identität. Hamburg: Argument.

Harding, Sandra (1990): Feminism, Science, and the Anti-Enlightment Critiques. In: Nicholson, Linda (Ed) (1990): Feminism/Postmodernism. New York, London: Routledge P. 83- 106.

Harding, Sandra (1991): Feministische Wissenschaftstheorie. Zum Verhältnis von Wissenschaft und sozialem Geschlecht. Hamburg: Argument.

Hark, Sabine (1992): Vom Subjekt zur Subjektivität. Feminismus und die Zerstreuung des Subjektes. Berlin: Zentraleinrichtung zur Förderung von Frauenstudien und Frauenforschung der FU Berlin.

Hark, Sabine (1993) Queer Interventionen. In: Feministische Studien, 11. Jg., Nov. 1993, Nr. 2. S. 103-109.

Hark, Sabine (1996): Deviante Subjekte. Die Paradoxe Politik der Identität. Opladen: Leske + Budrich.

Hark, Sabine (Hg.) (1996a): Die Grenzen lesbischer Identitäten. Berlin: Querverlag.

Hartsock, Nancy C. M. (1996): Thoretical Bases for Coaliton Building: An Assessment of Postmodernism. In: Gottfried, Heidi (Ed.) (1996). S. 256 –274.

Hess, Sabine und Andreas Linder (1997): Antirassistische Identitäten in Bewegung. Tübingen: Ed. Diskord.

Hood-Williams, John and Wendy Cealey Harrison (1998): Trouble with Gender. In: The Sociological Review, Vol 46, 1/98. P. 73-94.

hooks, bell (1996): Sehnsucht und Widerstand. Kultur, Ethnie, Geschlecht. Berlin: Orlanda.

hooks, bell (1985): Black Women: Shaping Feminist Theory. In: dies. From Margin to Center. Boston: South End Press. P. 1-15.

Hornscheidt, Antje; Jähnert, Gabriele und Annette Schlichter (Hg.) (1998): Kritische Differenzen – Geteilte Perspektiven. Zum Verhältnis von Feminismus und Postmoderne. Opladen: Westdeutscher Verlag.

Hügel, Ika u.a. (Hg.) (1993): Entfernte Verbindungen. Rassismus, Antisemitismus, Klassenunterdrückung. Berlin: Orlanda.

Irigaray, Luce (1979): Das Geschlecht, das nicht eins ist. Berlin : Merve.

Johnson, Barbara (Hg.) (1994): Freiheit und Interpretation. Frankfurt a. M.: Fischer.

Kahlert, Heike (1996): Weibliche Subjektivität. Geschlechterdifferenz und Demokratie in der Diskussion. Frankfurt/New York: Campus.

Kalpaka, Annita (1994): Die Hälfte des (geteilten) Himmels: Frauen und Rassismus. In: Uremovic, Olga und Gundula Oerter (Hg.) (1994): Frauen zwischen Grenzen. Rassismus und Nationalismus in der feministischen Diskussion. Frankfurt/New York: Campus, S. 33-46.

Kimmerle, Heinz (1988): Derrida zur Einführung. Hamburg: Junius.

Kissling, Elise (1994): Rezension zu Judith Butler: Körper von Gewicht. In: Die Philosophin, 5. Jg., (1994), Nr. 10. S. 95-100.

Klinger, Cornelia (1994): Eine Fallstudie zum Thema postmoderner Philosophie der Weiblichkeit: Jacques Derrida, Sporen: Die Stile Nietzsches. In: Amstutz, Nathalie und Martina Kuoni (Hg.): Theorie, Geschlecht, Fiktion. Basel & Frankfurt a. M. S. 205-233.

Köpl, Regina (1995): Das Subjekt ist tot – es lebe das Subjekt! In: Österreichische Zeitschrift für Politikwissenschaft 1995, Nr. 2. S. 169-181.

Kofman, Sarah (1997): Derrida lesen. Wien: Passagen.

Kraft, Marion (1990): Frauen afrikanischer Herkunft: Feministische Kultur und Ethnizität in Amerika und Europa. In: beiträge zur feministischen theorie und praxis , 13. Jg., (1990), Heft 27. S. 25-44.

Landweer, Hilge und Mechthild Rumpf (1993): Kritik der Kategorie Geschlecht. In: Feministische Studien, 11. Jg., Nov. 1993, Nr. 2. S. 3-9.

de Lauretis, Teresa (1987): Technologies of Gender. Bloomington: Indiana University Press.

de Lauretis; Teresa (1990): Eccentric Subjects: Feminist Theory and Historical Consciousness. In: Feminist Studies 16, No. 1 (Spring 1990). P. 115-150.

de Lauretis, Teresa (1993): Der Feminismus und seine Differenzen. In: Feministische Studien, 11. Jg., Nov. 1993, Nr. 2. S. 96-102.

Lemke, Thomas (1997): Eine Kritik der politischen Vernunft. Foucaults Analyse der modernen Gouvernementalität. Hamburg: Argument.

Linz, Janine (1994): Von der unerträglichen Leichtigkeit des Ausgrenzens. Behindertenfeindlichkeit in Hamburgs FrauenLesbenszenen. In: Hamburger Frauenzeitung, Nr. 40/94. S. 44-45.

Lorey, Isabell (1995): Immer Ärger mit dem Subjekt. Warum Judith Butler provoziert. In: Haas, Erika (Hg.) (1995). S. 19-34.

Lorey, Isabell (1996): Immer Ärger mit dem Subjekt. Tübingen: Ed. Diskord.

Lorey, Isabell (1997): Das Problem des Souveräns. In: Texte zur Kunst, 28. Jg., (1997), Nr. 7. S. 171-175.

Lorey, Isabell (1998a): Dekonstruierte Identitätspolitik. Zum Verhältnis von Theorie, Praxis und Politik. In: Hornscheidt, Antje (et al.) (Hg.) (1998): Kritische Differenzen – Geteilte Perspektiven. Zum Verhältnis von Feminismus und Postmoderne. Opladen/Wiesbaden: Westdeutscher Verlag. S. 93-114.

Lorey, Isabell (1998b): Rezension von Judith Butler: Excitable Speech. A Politics of the Performative. In: Feministische Studien, 16 Jg., Jan. 1998, Nr. 1. S. 124-127.

Lutz, Helma (1993): Sind wir uns immer noch fremd? Konstruktion von Fremdheit in der weißen Frauenbewegung. In: Hügel, Ika u.a. (Hg.) (1993), S. 138-156.

Lutz, Helma (1994): Konstruktion von Fremdheit: Ein „blinder Fleck“ in der Frauenforschung? In: Nestvogel, Renate (Hg) (1994): ‚Fremdes‘ oder ‚Eigenes‘? Rassismus, Antisemitismus, Kolonialismus, Rechtsextremismus aus Frauensicht. Frankfurt a. M.: IKO. S. 138-152.

Lydon, Mary (1988): Foucault and Feminism. A Romance of Many Dimensions. In: Diamond, Irene and Lee Quinby (Eds.). P. 135 - 147.

MacConnell, Dean and Juliet Flower MacConnell (1993): Violence, power and pleasure: a revisionist reading of Foucault from the victim perspective. In: Ramazanoglu, Caroline (Ed.) (1993). P. 203-238.

Maihofer, Andrea (1995): Geschlecht als Existenzweise. Franfkurt a.M.: Helmer.

Maltry, Karola (1998): Machtdiskurs und Herrschaftskritik im Feminismus. In Imbusch, Peter (Hg.): Macht und Herrschaft. Sozialwissenschaftliche Konzeptionen und Theorien. Opladen: Leske + Budrich. S. 299-316.

Martin, Biddy (1988): Feminism, Critisism, and Foucault. In: Diamond, Irene and Lee Quinby (Eds.) (1988). P. 3-20.

Maurer, Susanne (1996): Zwischen Zuschreibung und Selbstgestaltung. Feministische Identitätspolitiken im Kräftefeld von Kritik, Norm und Utopie. Tübingen; Ed. Diskord.

McNeil, Maureen (1993): Dancing with Foucault. Feminism and power-knowledge. In: Ramazanoglu, Caroline (Ed.) (1993). P. 147-175.

Menke, Bettine (1995): Dekonstruktion der Geschlechteroppositionen. Das Denken der Geschlechterdifferenz. Derrida. In: Haas, Erika (Hg.) (1995). S. 35 - 72.

Moi, Toril (1988): Sexual/Textual Politics. Feminist Literary Theory. London/New York: Methuen.

Muraro, Luisa (1993): Die symbolische Ordnung der Mutter. Frankfurt a.M.: Campus.

Nicholson, Linda (Ed.) (1990): Feminism/Postmodernism. New York & London: Routledge.

Nicholson, Linda (1995): Introduction. In: In Benhabib, Seyla; Butler Judith; Cornenell, Drucialla and Nancy Fraser (1995): Feminist Contentions: A Philosophical Exchange. New York, London: Routelegde P. 1-17.

Niekant, Renate (1999): Zur Krise der Kategorien „Frauen“ und „Geschlecht“. Judith Butler und der Abschied von feministischer Identitätspolitk. In: Bauhardt, Christine und Angelika von der Wahl (Hg.) (1999). S. 29-46.

Nietzsche, Friedrich (1980): Zur Genealogie der Moral. In: Ders.: Werke in sechs Bänden, 4. Band. München und Wien: Hanser. S. 763-900.

Nestvogel, Renate (Hg.) (1994): ‚Fremdes‘ oder ‚Eigenes‘? Rassismus, Antisemitismus, Kolonialismus, Rechtsextremismus aus Frauensicht. Frankfurt a. M.: IKO.

Oguntoye, Katharina; Opitz, May und Dagmar Schulz (Hg.)(1986): Farbe bekennen. Berlin: Orlanda.

Ott, Cornelia (1998): Die Spur der Lüste. Sexualität, Geschlecht und Macht. Opladen: Leske + Budrich.

Raab, Heike (1998): Foucault und der feministische Poststrukturalismus. Dortmund: Ed. Ebersbach.

Ramazanoglu, Caroline (Ed.) (1993): Up against Foucault. Explorations of some tensions between Foucault and Feminism. New York, London: Routledge.

Rebentisch, Julia (1998): Zur sprachpragmatischen Kritik der (post-) strukturalistischen Subjektkritik: Judith Bulter revisited. In: Die Philosophin, 9. Jg., (1998), Heft 18. S. 42-64.

Rommelspacher, Birgit (1994): Frauen in der Dominanzkultur. In: Uremovic, Olga und Gundula Oerter (Hg.) (1994). S. 18-32.

Rommelspacher, Birgit (1995): Dominanzkultur. Texte zu Fremdheit und Macht. Berlin: Orlanda.

Rosenberger, Sieglinde (1996): Geschlechter-Gleichheiten-Differenzen: Eine Denk- und Politikbeziehung. Wien: Verlag für Gesellschaftskritik.

Rüdiger, Anja (1996): Dekonstruktion und Demokratisierung. Emanzipatorische Politiktheorie im Kontext der Postmoderne. Opladen: Leske + Budrich.

de Saussure, Ferdinand (1967): Grundlagen der allgemeinen Sprachwissenschaft. Hg. von C. Bally und A. Sechehaye. Berlin: Walter de Gruyyter & Co. (2. Auflage).

Schultz, Dagmar (1990): Unterschiede zwischen Frauen – ein kritischer Blick auf den Umgang mit „den Anderen“ in der feministischen Forschung weißer Frauen. In: beiträge zur feministischen theorie und praxis, 13 Jg., (1990), Heft 27. S. 45- 57.

Sedgwick, Eve Kosofsky (1993): Tendencies. Durnham: Duke University Press.

Seidman, Steven (1995): Deconstructing queer theory or the under-theorization of the social and the ethical. In: Seidman, Steven and Linda Nicholson (Eds.) (1995): Social postmodernism. Beyond identity politics. Cambridge: Cambridge University Press. P. 116- 141.

Smyth, Cherry (1992): Lesbians Talk: Queer notions. London: Scarlet Press.

Spivak, Gayatri Chakravorty (1988): Can the Subaltern Speak? In: Grossberg, Lawrence and Cary Nelson (Eds) (1988): Marxism and the Interpretation of Culture. Urbana: University of Illinois Press. P. 271-313.

Spivak, Gayatri Chakravorty (1995): Explanation and Culture: Marginalia. In: Ferguson, R. et al.(ed.): Out There. Marginalization and contemporary Cultures. Cambridge, Masachusetts and London: The MIT Press. P. 377-394.

Steffens, Marion (1995): Frau macht Sprache – Sprache macht Macht. In: beiträge zur feministischen theorie und praxis, 18. Jg., (1995) Heft 40. S. 11-18.

Tepe, Peter (1992): Postmoderne und Poststrukturalismus. Wien: Passagen.

Thürmer-Rohr, Christina (1995): Denken der Differenz. Feminismus und Postmoderne. In: beiträge zur feministischen theorie und praxis. 18. Jg. (1995), Heft 39. S. 87-97.

Trettin, Käthe (1992): Rezension zu Judith Butler: Das Unbehagen der Geschlechter. In: Die Philosophin, 3. Jg., (1992), Heft. 6. S. 75-77.

Trinh T. Min-ha (1986): Introduction. In Discourse 8, 1986/87: She the inappropriate/d other. S. 3-11.

Uremovic, Olga und Gundula Oerter (Hg.) (1994): Frauen zwischen Grenzen. Rassismus und Nationalismus in der feministischen Diskussion. Frankfurt/New York: Campus.

Villa, Paula-Irene (1996): Spürbare Zugehörigkeiten. Klasse und Geschlecht als zweifache Positionierung des Leibes. In: Fischer, Ute Luise et al. (Hg.) (1996). S. 141-162.

Vinken, Barbara (1993): Geschlecht als Maskerade. Judith Butler stellt natürliche Identitäten in Frage. In: Frankfurter Rundschau, 4.5.93. S. 10.

Wagner, Hedwig (1998): Theoretische Verkörperungen. Judith Butlers feministische Subversion der Theorie. Frankfurt a.M.: Peter Lang.

Warner, Michel (1991): Fear of a queer planet. In: Social Text 9 (4). P. 3-17.

Wartenpfuhl, Birgit (1996): Destruktion - Konstruktion - Dekonstruktion. Perspektiven für die feministische Theorieentwicklung. In: Fischer, Ute Luise et al. (Hg.) (1996). S.191-209.

Wartenpfuhl, Birgit (1999): Dekonstruktive Bestimmung von Geschlecht – Identität – Differenz jenseits metaphysischer Gewißheiten. Herausforderungen für feministische Politik und Wissenschaft. In: Bauhardt, Christine und Angelika von Wahl (Hg.) (1999). S.65-82.

Weedon, Chris (1990): Wissen und Erfahrung. Feministische Praxis und poststrukturalistische Theorie. Zürich: eFeF.

Weinbach, Christine (1998): Radikaldemokratie statt Feminismus! Judith Butlers Kritik der feministischen Definitionsmacht. In: Heinz, Marion et al (Hg.) (1998).: Geschlechtertheorie – Geschlechterforschung. Ein interdisziplinäres Kolloquium. Bielefeld: Kleine. S. 53-61.

Wollrad, Eske (1998): Unter die Haut gegangen. Zur Dekonstruktion von Weißsein als Aufgabe Weißer feministischer Theologie. In: Schlangenbrut Nr. 63, 1998, S. 11-13.

Woodhull, Winifred (1988): Sexuality, Power, and the Question of Rape. In: Diamond & Quinby (1988) (Eds.). P.167-176.